本书是以下项目的研究成果：

海南师范大学数据科学与智慧教育教育部重点实验室

海南省教育科学规划课题"面向立德树人的卓越教师专业素养培育"（QJY20201002）

海南师范大学教育教学改革研究项目"面向立德树人的教师教育课程创新研究"（hsjgsz2021－04）

全 球 化
视野下的
卓越教师专业发展

左 岚 著

Expert Teachers' Professional Development

from a Globalized Perspective

暨南大学出版社
JINAN UNIVERSITY PRESS

中国·广州

图书在版编目（CIP）数据

全球化视野下的卓越教师专业发展/左岚著 . 一广州：暨南大学出版社，2021.9
ISBN 978 - 7 - 5668 - 3040 - 1

Ⅰ.①全…　Ⅱ.①左…　Ⅲ.①师资培养—研究　Ⅳ.①G451.2

中国版本图书馆 CIP 数据核字（2020）第 216952 号

全球化视野下的卓越教师专业发展
QUANQIUHUA SHIYE XIA DE ZHUOYUE JIAOSHI ZHUANYE FAZHAN
著　者：左　岚

出 版 人：张晋升
责任编辑：潘江曼　梁念慈
责任校对：周海燕　黄晓佳　陈皓琳
责任印制：周一丹　郑玉婷

出版发行：暨南大学出版社（510630）
电　　话：总编室（8620）85221601
　　　　　营销部（8620）85225284　85228291　85228292　85226712
传　　真：（8620）85221583（办公室）　85223774（营销部）
网　　址：http://www.jnupress.com
排　　版：广州市天河星辰文化发展部照排中心
印　　刷：广州市穗彩印务有限公司
开　　本：787mm×960mm　1/16
印　　张：11.75
字　　数：180 千
版　　次：2021 年 9 月第 1 版
印　　次：2021 年 9 月第 1 次
定　　价：49.80 元

前　言

　　我自读博士起就开始研究"卓越教师"这个课题，至今已有十多年。每每谈及此，都会想起当年的自己背着摄像机、随身携带录音笔，奔波于广东和香港，与卓越教师们录课、访谈的情景。直到现在我还经常回味这些卓越教师的经典语录，并在课上与学生们分享。这些卓越教师对我的影响之深远，是我当时未曾想过的。

　　值得骄傲的是，本研究中有三位香港卓越教师都已先后获得了香港地区教学的最高奖。还有广东的一位教师获得了"特级教师"的荣誉称号。这些教师都是语文教学领域实至名归的专家，他们身上充满着对教育事业的热爱与对自身专业发展的执着追求，这种精神经常激励着我前行。

　　特别是香港的鲍老师与广东的谢老师，他们的人生阅历与教学实践常常成为我分析"卓越教师"的经典案例，随着时间的推移，更能深入发掘与体会他们的卓越之处。难能可贵的是，在我博士毕业后，不少卓越教师依然会与我分享他们的生活与事业上的进展，同时关心着我的成长。尤其是鲍老师，今年还辗转找到我的邮箱，担忧新冠肺炎疫情下我的生活状态，着实令人感动。

　　博士毕业后，我进入高校工作，在原有的研究基础上，又深入研究了"卓越教师国际评价标准""卓越教师专业发展过程""教师专业学习"等课题，取得了一些成果，作为此书的主要内容。在附录里，我精选了部分卓越教师的访谈实录，旨在与读者分享卓越教师的专业成长之路，希望能给同样正在成长中的你带来一些勇气与力量。

左　岚

2020 年 12 月 11 日夜于海口

目　录

第一章　卓越教师的国际评选标准

"卓越教师"又称"专家教师""教学名师""优秀教师"等，是教师的最高荣誉，也是世界各国教育界的教学典范。2014年，我国正式出台了《教育部关于实施卓越教师培养计划的意见》，要求大力提高教师的培养质量，培养一大批师德高尚、专业基础知识扎实、教育教学能力和自我发展能力突出的高素质专业化的中小学教师。关于卓越教师的评选标准，20世纪80年代，美国就率先开始对优秀教师的专业标准进行研究，旨在界定与评价优秀教师或优秀教学表现。中国内地于20世纪90年代正式建立了特级教师的评选标准。自2003年起，香港特别行政区也开始举办行政长官卓越教学奖的评选活动，以表彰卓越教师。英国与澳大利亚也分别于2007年、2011年公布了其教师专业标准，界定了卓越教师的专业特征。在本章，研究者对中国内地与香港，以及美国、英国、澳大利亚等国家和地区的卓越教师评选标准与评选过程进行深入分析，旨在通过借鉴国际先进的评选经验，对我国卓越教师评选标准体系的建构提出策略性建议。

第一节　中国内地卓越教师评选

一、特级教师的评选

1993年1月10日，中华人民共和国国家教育委员会公布了《特级教师评选规定》（以下简称《评选规定》），正式确立了我国特级教师评选的标准和程序以及待遇等，也明确了我国特级教师评选的目的和意义。

（一）评选标准

《评选规定》从职业道德、专业能力、教学效果、培养青年教师等方面，界定了特级教师的评选标准。具体包括以下三个方面：

（1）坚持党的基本路线，热爱社会主义祖国，忠诚人民的教育事业；认真贯彻执行教育方针；履行教师职责，教书育人，为人师表。

（2）具有中小学校高级教师职务。对所教学科具有系统的、坚实的理论知识和丰富的教学经验；精通业务，严谨治学，教育教学效果特别显著。或者在学生思想政治教育和班主任工作方面有突出的专长和丰富的经验，并取得显著成绩；在教育教学改革中勇于创新或在教学教法研究、教材建设中成绩卓著。在当地教育界享有声望。

（3）在培训中，对提高教师的思想政治素养、文化业务水平和教育教学能力方面有着显著的贡献。

（二）评选程序

特级教师的评选程序如下：

（1）学校提名的同时，地（市）、县教育行政部门可在适当范围内广泛征求意见，通过全面考核，确定推荐人选，报省、自治区、直辖市教育行政部门。

（2）省、自治区、直辖市教育行政部门对地（市）、县的推荐人选进行审核后，送交由教育行政部门领导、特级教师、中小学教育专家以及校长组成的评审组织评审。

（3）省、自治区、直辖市教育行政部门根据特级教师评审组织的意见确定正式的人选，报省、自治区、直辖市人民政府批准，并报国务院教育行政部门备案。

此后，各省市在此基础上也制定出相应的特级教师评选标准。例如，2005年，北京市与上海市分别出台《北京市特级教师评选暂行办法》《上海市特级教师标准（试行）》，以表彰与培养本市的教学模范。评选标准都从教师的职业道德、专业知识、培育学生与教学研究成果等方面制定了更为详细的规定。例如，《上海市特级教师标准（试行）》规定，特级教师要热爱学生，因材施教，自觉承担起师长的责任，获得学生的尊重与爱戴；取得先进的教育教学科研成果，著书立说，引领教育教学改革；热情指导和培养中小学骨干教师。《北京市特级教师评选暂行办法》还规定，特级教师须具有先进的教育教学理念，以学生为本，育人效果显著；在教学研究与改革中取得的相关成果对提高本地区的教育水平具有较高的指导意义和推广价值。

（三）目的与意义

《评选规定》指出，为了鼓励广大中小学教师长期从事教育事业，进一步提高中小学教师的社会地位，国家特别表彰在中小学教育教学中有特殊贡献的教师。"特级教师"是国家为了表彰特别优秀的中小学教师而特设的一种既具先进性，又具专业性的称号。特级教师应是师德的表率、育人的模范、教学的专家。

二、地区卓越教师的评选

21 世纪以来，随着全球化经济的迅速发展，追求优质教育、培养卓越教师成为我国教师教育改革的重要趋势。2010 年我国颁布了《国家中长期教育改革和发展规划纲要（2010—2020 年）》，其中明确提出"对做出突出贡献的教师和教育工作者设立荣誉称号"，全国各地区都开展了评选各级各类卓越教师的活动，以表彰教学卓越的教师。在此部分，笔者以深圳市为例，阐述深圳市"年度教师"的评选标准与程序。

2015 年，深圳市教育局开展了深圳市基础教育系统"年度教师"的评选活动。评选范围是面向深圳市基础教育系统工作满 6 年，在教书育人方面做出突出贡献的公、民办中小学一线专任教师。[①]

（一）评选标准

深圳市教育局按照习近平总书记提出的"四有"好老师的标准，并参照了国外卓越教师评选标准，采取一年一届的方式开展评选活动。评选标准主要包括以下五个方面：

（1）热爱教育，热爱学生，热爱学校，热爱生活。

（2）精力充沛，富有激情，忘我投入，无私奉献。年度教师应身心健康、精力充沛，既能积极生活又能忘我工作，应是充满生机与活

---

① 深圳教育局. 关于 2015 年深圳市基础教育系统"年度教师"评选的问答 [EB/OL]. [2018 - 04 - 01]. http：//www. sz. gov. cn/jyj/home/jyxw/jyxw/201506/t20150605_2900001. htm.

力的新时代教师的典型。

（3）学识扎实，理念先进，表达能力强，综合素养高。年度教师要有先进的理念来引领教育潮流，要有扎实的学识来滋养学生成长，要有很强的表达能力来传播思想。

（4）勤于学习，善于研究，勇于创新，乐于合作。学习和研究应成为教师的生活常态，也是教师实现可持续发展的重要途径之一。每个学生都是一个独立的个体，教师只有勤于学习、善于研究，才能切实提高教育教学质量，让每一个学生都健康成长，让每一个学生都享受成功的喜悦。教师应创新教学，不断超越自己，尊重学生，成就学生，并乐于与同事、学生、家长合作，善于整合各方面的资源。

（5）善于激发学生潜能，教书育人成果突出，深受学生的喜爱、家长的赞赏、同行的认可、社会的好评。

（二）评选程序

深圳"年度教师"从700多所公、民办中小学中选出，每所学校都推荐一名候选人。为了保证评选过程的客观、公正、透明，深圳市通过多种形式在各种渠道公开展示评选过程和评选的最新情况。评选采取以下多种方式进行：

（1）候选人的材料评审与现场展示答辩相结合。

（2）专家评审与大众评审相结合，多个环节采取大评委制。

（3）系统内公示与媒体公开相结合。

（4）通过专门的网络和不同的公共平台，广泛听取民意、集中民智。

（5）设立"确定资格人选"环节，由区级教育行政部门组织专家评审团，负责对本区各学校报送的年度教师推荐人选进行评审，确定最终人选。

（6）在终评环节，采取百人评审团的大评委评审，由电视台现场录播，公证员现场公证。

在评选过程中，深圳市教育部门还设置了相关环节，以充分听取家长和学生的意见。如终评环节中的百人评选团由专家评审团（20人）、学生评审团（40人）、大众评审团（20人）、媒体评审团（20人）四个方面的人员构成。

评选完成后，深圳市教育部门还组织市、区年度教师在市内外进行巡回演讲，交流分享，传播他们的教学思想和教育智慧，发挥引领和带动作用；支持市、区年度教师著书立说，总结他们的教育教学经验，以增强年度教师的示范作用和影响力。此外，年度教师还将作为深圳教师的杰出代表，参与深圳教育改革发展和教师队伍建设的相关政策的制定。

（三）目的与意义

深圳市"年度教师"的评选目的与意义包含以下三个方面：

（1）对于教师而言，旨在树标杆、立榜样，进行导向激励，加强教师队伍建设，吸收年度教师的教育智慧。推介和打造深圳的教育名家，同时进一步增强广大教师的光荣感、责任感与使命感，鼓励广大教师终身从教。

（2）对于社会而言，进一步弘扬尊师重教的社会风尚，传递正能量。

（3）对于深圳而言，深圳教育要为深圳建成"现代化国际化创新型城市"提供人才支撑与智力支持，培育创新型人才，以更优质的教育推动更高质量的城市建设。此外，年度教师的评选也是深圳市贯彻落实《国家中长期教育改革和发展规划纲要（2010—2020年）》的一个实际行动和创新举措。

第二节 中国香港地区行政长官 卓越教学奖评选

自2003年起，我国香港特别行政区教育局开始举办香港行政长官卓越教学奖的评选活动，以表彰教学卓越的教师。此奖项针对不同的学习领域（学科）都制定了系统的评选指标体系，评审机制严格，取得了良好的效果[①]。

---

① 左岚．论卓越教师评价标准体系的建构——来自我国香港行政长官卓越教学奖的经验［J］．教育理论与实践，2016（8）：28－30．

一、背景：表彰教学卓越的教师

香港教育局设立香港行政长官卓越教学奖（以下简称"卓越教学奖"）的主要目的是表彰教学卓越的教师，以提升教师的专业形象与社会地位；同时，通过成立卓越教学奖教师协会，凝聚优秀教师，分享和推广有效的教学实践，鼓励教师追求卓越的文化。卓越教学奖分为两个类别：第一类是卓越教学奖，要求候选人在专业能力、培育学生、专业精神与对社区的贡献，以及学校发展四个方面表现卓越；第二类是嘉许状，要求教师已相当接近上述四个方面的卓越水平。前一类旨在肯定教师的卓越教学表现，后一类则旨在促进教师的专业发展和培养卓越教学文化。[①]

首轮教学奖评选活动于 2003 年举行，每轮周期为 6 年，每年评选两至三门学科领域的卓越教师。例如：2003—2004 年评选的学科领域为中国语文与英国语文教育学习领域；2005—2006 年评选的是科学与数学教育学习领域。从举办至今，卓越教学奖已评选出 700 多名不同学科领域的优秀教师，为教育界树立了良好的教学典范。[②]

卓越教学奖实行提名制，可以以个人名义提出，也接受自我提名。提名人为候选人所在学校的校长、同事或资深教育工作者；同时，候选人提名也可附上同事、学生或家长的意见。另外，卓越教学奖设有评审团，成员包括相关教育领域的专家学者、资深校长、资深一线教师与家长。评审程序包括以下五个步骤：

（1）初步评审：审核提名文件，与候选人见面，推荐入围名单。

（2）详细评审：访校与观课；候选人、提名人、合议人、同伴、学生与家长见面；评审提名人与候选人的佐证材料。

（3）评审团推荐获奖名单。

（4）督导委员会与评审工作小组接收推荐获奖名单。

---

① 香港教育局. 行政长官卓越教学奖［EB/OL］.［2015 – 06 – 10］. http：//www. ate. gov. hk/tchinese/index. html.

② 香港教育局. 行政长官卓越教学奖［EB/OL］.［2015 – 06 – 10］. http：//www. ate. gov. hk/tchinese/index. html.

（5）顾问评审团确认获奖名单。①

二、内涵：追求卓越的教学典范

自 2003 年起，香港教育局陆续公布了行政长官卓越教学奖教学实践卓越表现指标。卓越教师必须具备以下条件：

（1）杰出及/或创新并经证实能有效引起学习动机及/或帮助学生达至理想的学习成果；或借鉴其他地方示例而灵活调适以切合本地（即校本及/或生本）情境，并经证实能有效增强学生的学习成果；

（2）建基于相关的理念架构，并具备反思元素；

（3）富启发性及能与同工（同行）分享，提升教育素质；

（4）能帮助学生达至相关领域/科目/项目的学习目标。②

香港教育局指出，此指标只应作为确认卓越教学表现的一个框架，而不是评价每位教师的固定标准。所有得奖者均须具备专业教师的基本素质，如专业精神、爱护和关怀学生等。③

行政长官卓越教学奖教学实践卓越表现指标中包含不同学科领域的具体指标。本书以卓越教学奖（2014/2015）中国语文教育学习领域④为例，详细阐述分析其评选标准。此表现指标包含专业能力、培育学生、专业精神与对社区的贡献，以及学校发展四个方面。

1. 专业能力方面

在专业能力方面，卓越教学奖注重卓越教师在关于学科课程、教学、学习评估三个方面的卓越表现，其中又包含教师对课程规划及组织、课程管理、教学策略和技巧、专业知识和教学态度，以及评估规划和资料运用等更细的指标（见表 1－1）。此评选标准也体现了卓越

---

① 香港教育局. 行政长官卓越教学奖（2014/2015）提名指引［EB/OL］.［2015－06－10］. http：//www. ate. gov. hk/tchinese/doc/Nomination_Guidelines_2014_ tc. pdf.

② 香港教育局. 行政长官卓越教学奖（2014/2015）提名指引［EB/OL］.［2015－06－10］. http：//www. ate. gov. hk/tchinese/doc/Nomination_Guidelines_ 2014_ tc. pdf.

③ 香港教育局. 行政长官卓越教学奖［EB/OL］.［2015－06－10］. http：//www. ate. gov. hk/tchinese/index. html.

④ 香港教育局. 行政长官卓越教学奖（2014/2015）教学实践卓越表现指标中国语文教育学习领域［EB/OL］.［2015－06－10］. http：//www. ate. gov. hk/tchinese/doc/Excellence_ Indicators_ CLE_ TC. pdf.

教师的教学特征。有大量研究指出，卓越教师能够将学科知识以及学科教学法知识、课程知识、关于学习者的知识完美地融合在一起，因而可以按照课程的要求，依据不同学生的不同需求，灵活地制订教学计划，在课堂上进行多元化的教学活动。他们在课堂上与学生充分地互动，实施"以学生为中心"的教学方法。他们还随时监控自身的教学成果，给予学生大量的反馈。此外，卓越教师对教育事业充满了自信，表现出较高的个人与职业的自我效能感。①②③

表 1-1 卓越教师专业能力表现指标

范围	表现指标	卓越表现例证
课程	课程规划及组织	◇贯彻中国语文教育学习领域的课程宗旨，依据课程架构与学习目标，配合学校的实际情况和资源，应学生的需要、风格、兴趣、能力等，规划具体的学习重点，灵活制订教学计划，编选适当的学习材料，合理分配学习时间，发展校本课程，以照顾学生的多样性 ◇循序渐进，有效应对不同学习阶段纵向的衔接，同时能做到每个学习阶段五种基本的学习经历、九种共通能力和九个学习范畴横向的平衡，让学生在知识的积累、能力的提升以及价值观和态度、学习兴趣的培养等各方面都能获得均衡全面的发展
	课程管理	◇建立清晰的机制，依据课程发展的重点，采取对应的措施，监督与反思课程落实的效果 ◇善用反馈所得的数据，有效跟进，优化校本课程 ◇开发教学资源，灵活运用与管理，以配合课程发展

---

① 徐碧美. 追求卓越：教师专业发展案例研究［M］. 陈静，李忠如，译. 北京：人民教育出版社，2003：5-6，65，73.

② SMITH T W, ADVISER D S. Towards a prototype of expertise in teaching［J］. Journal of teacher education, 2001（4）：357-371.

③ BERLINER D C. Describing the behavior and documenting the accomplishment of expert teacher［J］. Bulletin of science, technology & society, 2004（3）：200-211.

（续上表）

范围	表现指标	卓越表现例证
教学	教学策略和技巧	◇设计多元化的学习活动，根据不同学生的不同情况，灵活调整学习内容与过程，进行有效的课堂互动，创设情境，帮助学生将知识转化为能力，并在日常生活中学以致用 ◇善用各种教与学的资源，帮助学生拓展语文学习的空间；适当将信息科技融入教与学的活动 ◇指导学生广泛阅读，培养语感，提高语文素养 ◇有效管理课堂，营造和谐轻松的课堂气氛，鼓励学生在学习上追求卓越
	专业知识和教学态度	◇透彻掌握中国语文教育学习领域的最新发展趋势，熟悉教育改革与学科内容，掌握最新的专业知识，并通过终身学习不断追求个人成长，在教学中追求卓越表现 ◇探求和更新最新学科知识，力求在教学上达到卓越水平；积极参加校内外的分享会和交流会 ◇认真教学，态度诚恳，富有责任感，对学生抱有适切的期望；能为学生树立学好中国语文的榜样，提高学生的语言品位和语文素养
学习评估	评估规划和资料运用	◇掌握课程、学习与教学、评估三者之间的关系，配合学习目标、学习过程、评估目的和学生学习的多样性，发展校本评估模式，建立多方参与的评估机制，全面评估学生的学习表现和教师的教学成效，以调整、修订教学与评估计划

资料来源：香港教育局. 行政长官卓越教学奖（2014/2015）教学实践卓越表现指标中国语文教育学习领域［EB/OL］.［2015 - 06 - 10］. http：//www. ate. gov. hk/tchinese/doc/Excellence_ Indicators_ CLE_ TC. pdf. （有删改）

2. 培育学生方面

国际上常常将学生的学业表现作为卓越教师的评价标准之一。[1][2]香港卓越教学奖的评选标准也非常注重考察卓越教师对学生的培育成效，明确规定卓越教师的教学须能帮助学生掌握知识和提高技能，达到学科的学习目标，有效增强学生的学习动机，以及树立正确的价值观和态度（见表1-2）。而且，卓越教学奖的评审除了校长与同行的评价以外，还兼顾了学生与家长的评价。通过大量的相关研究可知，丰富学生的学科知识与发展其能力，教会学生如何学习，提高学生的学业成绩，帮助学生养成良好的学习习惯，发展学生终身学习的能力与兴趣都是卓越教师教学的重要目标[3]。以中国语文学科为例，卓越教师们能够创造良好的学习氛围，采取多样化教学形式，有效提高学生的阅读能力，教会学生如何阅读，激发学生的阅读兴趣。[4][5][6]

① 徐碧美. 追求卓越：教师专业发展案例研究［M］. 陈静，李忠如，译. 北京：人民教育出版社，2003：5-6，65，73.

② BERLINER D C. Learning about and learning from expert teachers［J］. International journal of educational research，2001（35）：463-482.

③ BERLINER D C. Learning about and learning from expert teachers［J］. International journal of educational research，2001（35）：463-482.

④ PRESSLEY M, GASKINS I W, SOLIC K, et al. A portrait of benchmark school：how a school produces high achievement in students who previously failed［J］. Journal of educational psychology，2006（2）：282-306.

⑤ PRESSLEY M, WHATTON-MCDONALD R, MISTRETTA-HAMPSTON J, et al. Literacy instruction in 10 fourth-grade classrooms in upstate New York［J］. Scientific studies of reading，1998（2）：159-194.

⑥ 左岚. 粤港专家教师阅读教学个案研究［M］. 武汉：华中师范大学出版社，2013：177-182.

表1-2　卓越教师培育学生表现指标

范围	表现指标	卓越表现例证
培育学生	知识和技能	◇帮助学生掌握语文基础知识，提高听说读写能力、思维能力、审美能力及语文自学能力 ◇培养学生的审美情趣，陶冶性情；培养学生的优良品德，加强对社群的责任感；让学生认同中华文化，培养对国家、民族的感情 ◇帮助学生掌握正确的学习策略和方法，合理利用学习资源，以达到学习目标
	价值观和态度	◇培养学生学习语文的兴趣，体会学习和运用语文的乐趣，养成良好的学习习惯，建立正确的价值观和学习态度 ◇培养学生协作学习的能力，乐于与其他学生沟通与交流 ◇建立互信关系，与学生关系融洽

资料来源：香港教育局. 行政长官卓越教学奖（2014/2015）教学实践卓越表现指标中国语文教育学习领域［EB/OL］.［2015-06-10］. http：//www. ate. gov. hk/tchinese/doc/Excellence_Indicators_CLE_TC. pdf. （有删改）

3. 专业精神与对社区的贡献

卓越教学奖评价教师的教学实践需要建基于相关的理论框架，要求教师具备反思精神，持续追求自身的专业发展。研究显示，卓越教师通过各种途径（如与大学教授合作研究、攻读硕士研究生学位等）更新自身的专业知识，积极参与各种教学研究，并善于将理论知识与实践知识结合起来，从而实现"实践经验理论化"与"理论知识实践化"的互动[1]。另外，卓越教师们经常举办研讨会，相互分享教学经验，还帮助其他教师诊断教学问题，提出解决方案，做出其专业性的贡献。[2] 如表1-3所示。

---

[1]　徐碧美. 追求卓越：教师专业发展案例研究［M］. 陈静，李忠如，译. 北京：人民教育出版社，2003：73.

[2]　SMITH T W, ADVISER D S. Towards a prototype of expertise in teaching［J］. Journal of teacher education, 2001（4）：357-371.

表 1-3 卓越教师专业精神与对社区贡献表现指标

范围	表现指标	卓越表现例证
专业精神与对社区的贡献	对教师专业和社区做出的贡献	◇以身作则，树立榜样，不断自我改进和追求专业发展 ◇熟悉最新的教育方法和政策，如最新课程的发展方向和内容 ◇积极参与教育研究及发表与教学有关的文章，编写可做示范的教材 ◇积极支持社区专业的发展，促进新入职教师的专业发展，主动与其他教师交流协作，运用不同方式分享知识，在教学实践方面推动分享和协作文化，参与社区服务或义务工作

资料来源：香港教育局．行政长官卓越教学奖（2014/2015）教学实践卓越表现指标中国语文教育学习领域〔EB/OL〕．〔2015-06-10〕．http：//www. ate. gov. hk/tchinese/doc/Excellence_ Indicators_ CLE_ TC. pdf. （有删改）

4. 学校发展方面

卓越教师奖在学校发展的指标部分，如表 1-4 所示，非常注重考察卓越教师通过经验分享、同事协作等途径建构学校的"卓越教师文化"，同时增强家长对学校文化的认同感。研究指出，教师的专业发展离不开学校环境的支持，教师从自身所在的环境（包括同事之间的协作、教学资源、外界专家协助等）中获得帮助，通过这些社会资源，在行动中发展自己的教学观念，再转变成教学实践，实现自身的专业发展。①② 也有学者提出教师专业发展的"服务"内涵，即教师需要为学校与同事服务。③④ 因此，身为学校或本地区学科教学带头

---

① JOHNSON K E, GOLOMBEK P R. "Seeing" teacher learning〔J〕. TSEOL quarterly, 2003（4）：729-737.

② BERLINER D C. Learning about and learning from expert teachers〔J〕. International journal of educational research, 2001（35）：463-482.

③ 朱旭东. 论教师专业发展的理论模型建构〔J〕. 教育研究, 2014（6）：81-89.

④ SMITH T W, ADVISER D S. Towards a prototype of expertise in teaching〔J〕. Journal of teacher education, 2001（4）：357-371.

人的卓越教师也需要为学校的发展做出贡献，建构与完善本校教师的"专业学习社群"，协助本校教师改善教学质量，完善校本课程规划和组织，孕育学校合作文化，以实现学校发展的愿景与使命。

表 1-4　卓越教师学校发展表现指标

范围	表现指标	卓越表现例证
学校发展	支持学校发展	◇带领同事设计校本课程，协助本校教师提升教学质量，把学校发展成一个专业学习社群 ◇通过经验分享，领导和帮助其他同事认同和实践学校的愿景和使命，合力推动学校持续发展，并通过各种有效途径体现学校文化的精髓 ◇积极与家长沟通协作，培养家长对学校文化的认同感及自豪感

资料来源：香港教育局. 行政长官卓越教学奖（2014/2015）教学实践卓越表现指标中国语文教育学习领域［EB/OL］. ［2015-06-10］. http：//www. ate. gov. hk/tchinese/doc/Excellence_Indicators_CLE_TC. pdf. （有删改）

第三节　美国优秀教师专业标准

自美国国家教师专业标准委员会（National Board for Professional Teaching Standards，NBPTS）成立以来，积极研发与实施优秀教师的专业标准，建构了世界上第一个优秀教师标准与认证体系①。

---

① 陈德云，周南照. 教师专业标准及其认证体系的开发——以美国优秀教师的专业标准及认证为例［J］. 教育研究，2013（7）：128-135.

一、美国优秀教师评选标准

1989 年，NBPTS 发表了题为 "What Teachers should Know and be able to Do" 的政策文件，提出了卓越教师或卓越教学表现专业标准的 "五项核心主张"（以下简称 "美国 NBPTS 标准"），构成了美国卓越教师评选标准的重要原则[①]，具体内容如下：

（1）关注学生本身与学生的学习。卓越教师需要把学生都看作可教之才，平等地对待每个学生，将知识传递给他们。卓越教师要意识到学生的差异性，并在教学的过程中充分考虑到这些差异。同时，卓越教师要对学生的成长与学习规律非常了解，尊重学生的文化与家庭差异。卓越教师在教学中除了提升学生的认知能力，还应重视培养其个人意识，增强学生学习的主动性，以及合作意识、公民责任感等。

（2）了解学科知识与学科教学法知识。卓越教师要非常熟悉所教学科内容的历史与结构，并将这些学科内容与现实生活相联系。同时，卓越教师应深谙学科教学法知识，结合学生的特点，运用有效的多元化教学策略将学科知识教授给学生。

（3）管理与监督学生的学习。卓越教师能依据教学目标精心设计与组织教学活动，激发学生的学习动机，特别关注学生个人与集体的学习进展。卓越教师能在课堂中采取多样化的方式评估学生的表现，并将其学习表现即时与家长进行沟通。

（4）对教学实践进行系统的思考，从中总结经验。卓越教师要非常了解学生的学习心理，熟知教学理论以及本学科课程的最新进展。不断运用批判性眼光来审视自身的教学实践，从而扩展自身的知识面与提升教学技能。

（5）成为学习共同体中的一员。卓越教师在学校的学习社群中，与领导、同事一起协作制定教学政策，发展校本课程、提升本校的教学质量，以推进学校的发展。卓越教师还应积极促进家长与学校的协作伙伴关系，同时，充分运用学校社群的资源，更好地实现自身的专

[①] NBPTS. The five core propositions [EB/OL]. [2015 – 06 – 10]. http://boardcerti-fiedteachers. org/aboutcertification/five-core-propositions.

业发展。

美国 NBPTS 标准强调了卓越教师所需具备的丰富的专业知识与教学技能，其中包含以下重要内容：广泛的人文与科学知识基础；关于所教学科、教学技能、课程管理与教材组织的知识；关于一般教学法、学科教学法以及评估学生学习的知识；关于学生与人类发展的知识；具备教学不同种族、宗教信仰、社会经济地位等背景学生的技能；将这些技能广泛运用到不同兴趣的学生身上的能力。① 在此基础上，又颁布了针对不同年龄段、不同学科的共 25 套教学标准。

二、美国优秀教师评选程序

美国优秀教师以"业绩为本"的评价作为认定依据，强调教师从事教学工作所需的知识、技能和专业判断能力。具体而言，流程包括学校本位模式和评价中心模式两个阶段，前者是申请者在任教学校中完成规定的档案评价，后者在评价中心实施，两者大约需要一年的时间，整个认定过程分为以下三个阶段②：

（一）档案袋评价

档案主要用来展示申请者的教学实践与教学理念。教学不同学科或年级的优秀教师，对其档案袋的具体要求各有不同，但基本上都包括规定时长的教学录像带，应包含 4 ~ 5 名教师本位的活动和师生互动分析，若干名学生的学习记录和作业资料以及编制的教材和所做的教具，与学生家庭、同事和社区合作的资料等。每个领域的档案评价内容都有所不同，有些还包括书面评论和证明材料。而且，整理档案袋的过程也是促进教师专业化发展的过程，因为教师要对教学工作进行深刻反思、相互学习。

（二）现场评价

在完成档案袋评价之后，申请者就进入现场评价阶段，其目的是验证档案袋材料的真实性。申请者可以自由选择全美 300 多个评价中

---

① NBPTS. The five core propositions ［EB/OL］. ［2015 - 06 - 10］. http：// boardcerti-fiedteachers. org/aboutcertification/five-core-propositions.

② 袁锐锷，易轶. 试析 NBPTS 优秀教师认定的标准与程序 ［J］. 比较教育研究，2004（12）：71 - 75.

心的任意一个进行现场评价，评价内容主要有以教学知识和学科内容知识为主的笔试与练习活动。在评价中心，申请者需要对评价中心事先提供的录像材料和网上材料做出分析。评价中心的活动都是为完成教师的档案袋评价而设计的，也都是围绕着教师的教学活动而组织的。

（三）评分

每个档案袋和评价中心的标准都强调各个领域的优秀教师要时刻意识到他们正在做什么和为什么要这样做，以及意识到学生想要学到什么和他们应该怎样去帮助学生学习。而且申请者需要通过反馈来不断调整教学策略、计划与教学内容。评分主要是依据申请者提供的录像带、学生作业样本、分析报告、对评价中心练习的书面答复，按照觉察性、慎思性、分析性和反思性的原则进行评分。采取总分 4 分的评分标准，每个评分环节由两位评审者独立进行评分。

三、中美卓越教师评选标准的比较

中美卓越教师评选标准主要在于教师的专业能力、培育学生、专业精神与社区服务等方面。研究者以此为框架，分析比较我国内地、香港以及美国卓越教师的评选标准，分析结果如表 1 - 5 所示。

表 1-5 中美卓越教师评选标准比较

卓越领域	我国内地特级教师评选规定	我国香港行政长官卓越教学奖卓越指标	美国优秀教师专业标准
专业能力	对所教学科具有系统坚实的理论知识和丰富的教学经验	贯彻课程宗旨；全方位发展学校的"课程、学习和教学、评估"，提升学校的教学质量；采取多元化教学策略，进行有效的课堂互动；更新与探求最新学科知识；熟悉本学科课程与教学方法的最新进展	了解学生的成长与学习规律；熟悉学科知识与学科教学法知识，将本学科知识与其他学科知识融会贯通；采取有效的多元化教学策略将学科知识教给学生；熟悉本学科课程的最新进展
培育学生	教育教学效果特别显著；在班主任工作方面有突出专长，取得显著成绩	实施有效应对学生差异的教学计划；帮助学生达到学科学习目标，培养发展学生的学科价值观、学习技能等	关注学生的差异性；促进学生认知能力、个人意识、学习主动性、公民责任感等多方面发展；掌握学生的学习进展；关注学生的学习参与度
专业精神	在教育教学改革中勇于创新；或在教学法研究、教材建设中成绩卓著；在当地教育界有声望	积极参与教学研究，发表教学论文；乐于参加专业交流活动；反思教学工作中的不足，自我改进；终身学习，追求卓越	从经验中学习，对教学实践进行系统性思考；从领导、同事、学生等不同方面听取意见，改进教学成效；积极从事教学研究

（续上表）

卓越领域	我国内地特级教师评选规定	我国香港行政长官卓越教学奖卓越指标	美国优秀教师专业标准
社区服务	在培训提高教师的思想政治、文化业务水平、教育教学能力等方面做出显著贡献	协助新教师专业的发展；发展学校的学习共同体，促进校内专业的协作与分享；推动学校持续发展；促进家校协作	成为学校学习共同体中的一员；与领导、同事协作制定教学政策，发展校本课程、促进学校教师的专业发展；推进家校协作

可以看到，我国内地对卓越教师的评选标准主要体现在思想道德、教育教学水平与成效、学术科研成果、教师培养、教材建设等多个方面。[1] 我国香港地区的标准则以"课程实施"与"追求卓越文化"为核心，重视评价卓越教师在学科课程的规划与实施、培育学生达成学科学习目标、追求卓越教学、发展学习共同体等各方面的表现。美国优秀教师专业标准蕴含着"以学生为本""以知识与能力为本""以合作为本"的理念[2]，重视卓越教师在人文素养、关于"教与学"的专家知识与技能、专业责任感等方面的表现。

中美两国评选标准的相似之处在于，都非常重视卓越教师在学科知识、教学研究、培养青年教师三个领域的表现。而且，中国香港与美国的标准更强调评价教师在关注学生的差异性、教学反思、社区服务等方面的卓越表现。美国优秀教师专业标准还强调卓越教师的教学必须关注学生的学习参与度，培养学生的能力、学习主动性、性格等各个方面。除此以外，我国内地与香港比较重视教师的职业道德（如"师德的表率""以身作则，树立榜样"），美国标准中则没有重点强

---

[1] 王芳，蔡永红. 我国特级教师制度与特级教师研究的回顾与反思 [J]. 教师教育研究，2005（6）：41 - 46.

[2] 袁锐锷，易轶. 试析 NBPTS 优秀教师认定的标准与程序 [J]. 比较教育研究，2004（12）：71 - 75.

调此内容。总体而言，我国内地卓越教师评选指标较为简单与笼统，缺乏更细化的指标体系，尤其缺少评估卓越教师在教学反思、因材施教、发展学校学习共同体、家校协作等方面的多维指标。而这些评选经验为我国内地系统建构卓越教师的评选标准体系带来了重要的启示。

第四节　美国国家年度教师评选

美国国家年度教师项目（The National Teacher of the Year Program）起源于 1952 年，是美国历史最悠久、最具影响力的卓越教师评选项目。美国"国家年度教师奖"每年只有一位获得者，从同样只有一位获得者的各"州年度教师"中遴选产生，至今已经连续举办了 69 届。

一、评选标准

美国"国家年度教师奖"的评选标准非常严格，要求参选者是献身于小学至高中 12 年级教育事业的公立学校的教学能手，具体要求包含以下四个方面：

（1）能激发不同背景与能力的学生进行学习。

（2）能得到学生、家长和同事的尊重与赞赏。

（3）在社区与学校中发挥积极有效的作用。

（4）沉着冷静、表达清晰，能胜任繁重的工作。[①]

二、评选程序

美国"国家年度教师奖"的评选过程有以下三个步骤：

第一，经学生、家长、校长和政府教育行政管理者共同提名的 56 名"州年度教师"，将包括个人简历、8 篇能反映其最高水平的论文和签名信的书面申请，上报至首席州学校官员理事会。

---

① CCSSO. About the national teacher of the year program［EB/OL］.［2016 - 12 - 01］. http：//www. ccsso. org/ntoy. html.

19

第二，由 15 名全国主要的教育专业组织代表所组成的评选委员会对每一位申请人进行评价，最后投票选出"国家年度教师奖"的候选人（一般为 4 名）。

第三，该委员会再对每一位候选人逐一进行面试和综合评估，并结合推荐信、教学经验、面试和全部相关能力等进行考量，从中选出一名"国家年度教师奖"的获奖者。

最后，按照传统，"国家年度教师奖"的颁奖典礼在白宫举行，由总统亲自为获奖者颁发水晶苹果奖杯（美国教书育人的传统象征）并致辞。[①]

荣获"国家年度教师奖"的教师按照惯例，从当年暑假起的一年内，将作为教师职业的发言人和倡议者，到美国各州和世界其他国家进行交流，其所有行程要围绕国家年度教师项目进行。据不完全统计，年度教师全年要参加约 150 场活动，包括在电视、广播、报刊等媒体上代表教育者发声，还会被邀请参与国家和州的政策建议讨论。总的来说，美国"国家年度教师奖"不仅仅是一项奖励和荣誉，更是肩负了传播优秀教师品质的责任。[②]

第五节　英国与澳大利亚卓越教师的评选标准

2007 年，英国学校培训与发展司（Training and Development Agency for Schools，TDA）颁布了最新的《教师专业标准框架：为什么还做你的工作？》（Professional Standards for Teachers：Why Sit Still in Your Career?）以作为英国教师专业标准的评价主体。该框架制定的教师专业标准包括五个层次。一是合格教师标准（Qualified Teacher Standard），该标准是英国政府对中小学教师专业的基本要求。二是核心教师标准（Core Teacher Standard），规定了能胜任中小学教师工作的核心要求，此要求比合格教师标准高。三是骨干教师标准（Post-

---

① 胡乐乐. 美国人心中最好的老师：2005—2014 年美国国家年度教师透视［M］. 北京：中国人民大学出版社，2015：167 – 170.

② 高靓. 与美国国家年度教师面对面［M］. 福州：福建教育出版社，2014：191.

threshold Teacher Standard），该标准在教师的责任心、经验丰富、教学灵活性、组织管理能力等方面的要求超过核心教师的标准。四是优秀教师标准（Excellent Teacher Standard），该标准强调团队组织及领导等方面的才能，是少数教师能达到的标准。同时，优秀教师的标准应同时满足前三个教师标准。五是高级教师标准（Advanced Teacher Standard），即卓越教师标准，除同时满足以上四种标准之外，该标准还特别强调战略性领导和团队协作组织管理方面的才能，也只有极少数教师才能达到此标准。具体而言，英国卓越教师标准包括三个范围，16个指标，如表1-6所示。①

表1-6 英国卓越教师评选标准

范围	表现指标	卓越表现例证
专业素质	与学生的关系	◇了解学生的期望，帮助他们发挥其学习潜能，与他们建立公正、尊重、信任、支持与建设性的关系
	规章制度	◇在制定和实施工作政策时，在提升集体责任感以促进政策执行时，扮演战略性领导角色
	沟通与合作	◇有效地与同事、学生沟通交流；关于学生的学习成绩、学习目标、学习进展和幸福感方面及时与其监护人进行交流 ◇鼓励监护人积极参与有关学生发展、成绩进步和幸福感等问题的讨论
	个人职业发展	◇研究和评价课程改革实践，总结研究成果，收集其他资料，汇报自己及同事的科研教学成果
专业知识与理解力	教与学	◇掌握有效教学与行为管理策略，指导不同的学生自主选择个性化的学习方式，帮助每个人最大限度地挖掘自己的潜能
	评价与监督	◇具备提高工作评价实践效力的能力，比如对全校师生的评价数据进行统计分析
	科目与课程	◇在专业领域内，拥有广泛的人际网络，通过该网络，能够扩展自己的知识面，增加知识深度，加强理解力

① 王颖华. 卓越教师专业标准的国际比较及其启示 [J]. 西北师大学报（社会科学版），2014（4）：92-99.

（续上表）

范围	表现指标	卓越表现例证
专业知识与理解力	语文、算术和信息技术运用	◇具备运用语文、算术和信息技术支持自己的教学和其他职业活动的能力
	学习成效差异	◇对教学中的平等、包容和多样性有更深刻的理解，具备更丰富的知识，以及多元化的教学方法与策略
	健康、幸福感	◇积累丰富的知识经验，能对学生的健康成长给予指导
专业技能	计划	◇制订团队工作计划时，能起到组织协调的作用，提高团队工作效率 ◇能制订各个科目的工作计划
	教学	◇示范优秀和创新性教学实践
	评价、监督、反馈	◇具备根据学生的成绩、进步及其他方面，为学生及其监护人及时、准确地提供建设性意见的能力
	教学总结	◇能够利用当地及国家的统计数据以及其他信息，确定与评价学生进步和成绩的比较基线，用统计数据判断教学效能，并作为改进教与学的依据
	学习环境	◇在遵守各项法律法规、国家政策和指导意见的前提下，给学生营造建设性、安全性的学习环境，保证他们的健康与幸福，使其能够全身心地投入到学习中 ◇了解掌握当地关于保护青少年儿童的各项措施 ◇创造和利用各种校外机会，充分发挥每个学生的特长，扩展其视野，尽可能地把校外学习和校内学习联系起来
	合作精神	◇扮演好领导角色，在制订学校改革的相关计划的时候充分发挥领导作用 ◇运用良好的分析技术、人际关系和组织技能，带领团队高效工作

2011 年，澳大利亚公布的《全国教师专业标准》把教师分为新手教师、熟练教师、高成就教师、领导型教师四类。新手教师是指完

成教师培训，获得教师资格的教师。熟练教师指熟悉教师工作，能够熟练完成各项工作任务的教师。高成就教师是指在熟练完成教学任务的前提下，在教学上追求取得更多更高成就的教师。领导型教师，即卓越教师，是教师职业的最高境界，受到同事、家长和社区的尊重和认可，是教师的榜样。他们创造包容的学习环境以满足各类学生的多样化需要，不断改进自己的教学实践并与同事分享经验，经常进行创新性思考。其中卓越教师包含以下三个范围与 7 个具体指标，如表 1 - 7 所示①：

表 1 - 7　澳大利亚卓越教师的评选标准

范围	表现	卓越表现例证
专业知识	了解学生与学生的学习过程	◇引导同事根据学生身体、智力发展和特征方面的知识，针对性地选择和运用教学策略以改善学生学习 ◇根据学生学习理论知识的情况，领导评价教学方案效能 ◇运用专业和社区方面的知识与经验，评价与修改学习和教学方案，以满足不同语言、文化、宗教和社会经济背景学生的学习需要
	精通教学内容，了解如何教学	◇在学校内部，使用有效的、基于研究开发的教学程序，丰富其他教师的知识面，帮助其采取有效的教学策略，并开展示范教学 ◇根据对内容知识的深入理解提高对教学内容的选择能力，优化教学内容在教学过程中的内在组织顺序
专业实践	计划、实施有效教学	◇引领同事鼓励学生在每个领域追求具有挑战性的目标，并起到示范作用 ◇引领同事计划、实施有效教学，并总结相关经验 ◇与同事合作总结、修改和增加对教学策略的描述，运用教学策略帮助学生增强使用知识的能力、提高教师解决问题的能力以及发展创造性思维

① 王颖华. 卓越教师专业标准的国际比较及其启示 [J]. 西北师大学报（社会科学版），2014（4）：92 - 99.

（续上表）

范围	表现	卓越表现例证
专业实践	营造和保持支持性的、安全的学习环境	◇通过总结不同的策略，探索新的具有参与性和支持性的策略，在全校范围内营造包容性的学习环境 ◇总结经验，为同事进行有效的课堂管理提供借鉴，增强学生的学习责任感 ◇提供行之有效的行为管理策略方法，帮助同事丰富教学策略； 评价目前使用的学校或课程与法律要求的关于学生幸福感的政策和安全工作措施的效能
	对学生的学习给出评价、反馈和报告	◇评估学校的评价政策与措施以支持同事的工作 ◇使用评价数据诊断学生的学习需求与课程、学校的评价要求是否一致；使用多种评价策略 ◇帮助同事学会及时、有效、恰当地对学生的学习给予反馈
专业发展	开展专业学习	◇充分了解国家教师专业标准的要求，在此基础上制定校内专业学习政策和规划课程发展，满足同事和职前教师专业发展的需要 ◇与同事建立合作关系，增加专业学习的机会，开展研究，为职前教师的发展提供良好的机会
	与同事、家长和社区合作，促进职业发展	◇职业道德行为得到学生、同事和社区的一致肯定 ◇制定和执行相关政策和程序以加强同事和职前教师的职业责任感 ◇创造机会让家长或监护人共同参与学生的教育过程和学校的建设

可以看到，英国与澳大利亚对卓越教师的评选标准具有以下很多相似之处。①

一是两国标准都非常重视卓越教师所具备的丰富的知识，包括课

---

① 王颖华. 卓越教师专业标准的国际比较及其启示［J］. 西北师大学报（社会科学版），2014（4）：92 - 99.

程与科目、教育教学、学生智力与社会发展方面的知识。澳大利亚还特别关注教师对学生文化、经济等背景情况的了解程度。

二是两国标准还突出强调了卓越教师在教学方面的示范、引领作用。卓越教师应在选择使用教学内容、教学资源、教学技能、教学策略方面做到精准、娴熟、有效，同时还能考虑到每个学生的具体情况，做到因材施教，给其他教师起到良好示范作用。在此基础上，卓越教师还能做到把自己的教学隐性知识提取出来，有意识地、负责任地引领其他教师提高教学水平。

三是两国标准都非常重视卓越教师在教学工作中的评价、监督和反馈活动。这些活动的对象包括学生的学习和成长；同事的教学和发展；自己所在的教学团队和学校的发展。在评价和监督方面，掌握多样化的、先进的方法，比如形成性评价等。在评价和监督的依据方面，卓越教师会收集数据，善于使用各种官方数据进行统计分析，评价学生、同事、自己、团队和学校。然后根据评价监督的结果给出改进的方法、方案等建设性意见和建议。

四是两国标准都强调卓越教师在与他人沟通合作方面应有突出表现。卓越教师需要与家长或监护人就学生学习、个人成长等方面的信息进行沟通，鼓励家长参与到学生的教育过程中。作为团队成员，卓越教师应懂得与同事建立良性互动关系，及时沟通，必要时主动提出合作意向。与此同时，卓越教师时常扮演团队领导角色，起到组织管理团队的作用，给其他成员做示范，确保其正确投入工作，帮助其成长。在学校改革和发展的决策、执行过程中发挥引领作用。

五是两国标准还强调卓越教师应注重营造建设性、支持性的安全学习环境。领导学校、教学团队遵守各级各类保护学生各项利益和学习权利的法律法规以及相关政策，营造温暖、舒适、安全的学习环境。在这样的环境中，鼓励学生大胆尝试，挑战新目标、新事物，充分发挥个人特长、挖掘潜能，让其健康、幸福地成长。

六是两国标准都注重评价卓越教师充分尊重和成就学生的多样性。尽管澳大利亚的标准在项目上没有提及多样性问题，但在"了解学生，知道学生怎么学习"的项目中提出了同样的要求。卓越教师在充分掌握学生身心发展及其发展背景情况的前提下，运用专业和社区方面的知识和经验，评价、修改学习和教学方案，满足文化社会背景多样化学生的学习需要。同时要有意识地引导其他教师尊重学生的多样性、引导学生间彼此尊重。

两国的标准也存在差异。首先，英国标准提出了卓越教师应反思教学实践和开展教学总结，要求卓越教师定期分析、评价自己教学实践的效能和质量，及时调整教学计划和课堂实践。澳大利亚标准在行为描述部分也没有明确指出或强调反思、总结等类似活动。其次，英国标准和澳大利亚标准都提出了卓越教师应重视个人专业发展。英国标准是以一个项目的方式提出——卓越教师应能够积极地、建设性地应对改革和创新，开展研究和评价改革实践等活动，提高教学水平。澳大利亚的标准则以一个维度来强调卓越教师职业发展的重要性。卓越教师应能认清和计划职业学习需要；开展职业学习，和同事一起改进教学实践；加入专业教学网络和更广泛的社区，等等。最后，英国标准特有的项目包括师生关系、制度框架、健康和幸福感。英国卓越教师标准要求卓越教师了解学生对教师、学校寄予的期望，保证其可以发挥潜能，建立公正、信任、支持和建设性关系；要严格遵守各级各类与教育活动有关的法律法规、政策制度；要对提升学生的健康指数和幸福感负责。澳大利亚的标准则没有此方面的要求。

第六节　国外卓越教师评选对我国的启示

一、对我国卓越教师评选标准内容的反思

从卓越教师评选标准的内容来看，中外评选标准具有较高的一致性。具体而言，体现在教师知识、教学过程、教学评价、监督和反馈、教学反思，以及教师与同事、家长之间的沟通合作等多个方面。根据前述内容分析结果可知，我国香港及美国、英国和澳大利亚的专业教师标准都非常强调卓越教师对于知识的掌握，无论是深度还是广度，都提出了很高的要求。即我国内地标准所强调的"掌握过硬的业务知识"。教学也是中外卓越教师评选标准的关注焦点，包括教学方

法、教学策略、教学资源和教学评价，以及教学的评价、监督反馈和反思总结。我们认为，国外与我国香港的标准要求比我国内地现有的标准更能体现生本理念，要求更明确，操作性更强。在教学方面，国外的标准强调卓越教师应给学生树立具有挑战性的学习目标，要求学生正视、探索、理解重要的、有挑战性的概念、问题等，坚持不懈地学习并提高自己的技能。在评价等活动中非常重视卓越教师对所有学生的公平性。在沟通合作中，突出强调卓越教师具有领导、引领、决策等功能。①

而且，国外标准中要求卓越教师引领教师团队尊重和成就学生多样性、为学生营造安全舒适的学习环境、关心学生健康和幸福成长、遵守法律政策制度、鼓励学生树立挑战性目标等内容均在我国标准中较少提及。尽管我们已经广泛认同生本理念、探究性学习、自主学习等教育思想，我国也有很多旨在保护学生权益的政策法规，但是无论是已制定的标准，还是学者们的研究成果，以及教育现实，都较少涉及以上相关内容。②

二、对我国卓越教师评选体系建构的建议

卓越教师的国际评选标准与评选经验为我国评选卓越教师提供了多角度、多维度的专业化视角，同时也为我国科学建构卓越教师评选标准体系，引领卓越教师的可持续性发展提供了重要的参考依据。研究者以此为基础，并结合我国新课程改革与教师教育的现状，尝试建立我国卓越教师评选标准体系模型③。如图 1-1 所示。

---

① 王颖华. 卓越教师专业标准的国际比较及其启示 [J]. 西北师大学报（社会科学版），2014（4）：92-99.

② 王颖华. 卓越教师专业标准的国际比较及其启示 [J]. 西北师大学报（社会科学版），2014（4）：92-99.

③ 左岚. 论卓越教师评价标准体系的建构——来自我国香港行政长官卓越教学奖的经验 [J]. 教育理论与实践，2016（8）：28-30.

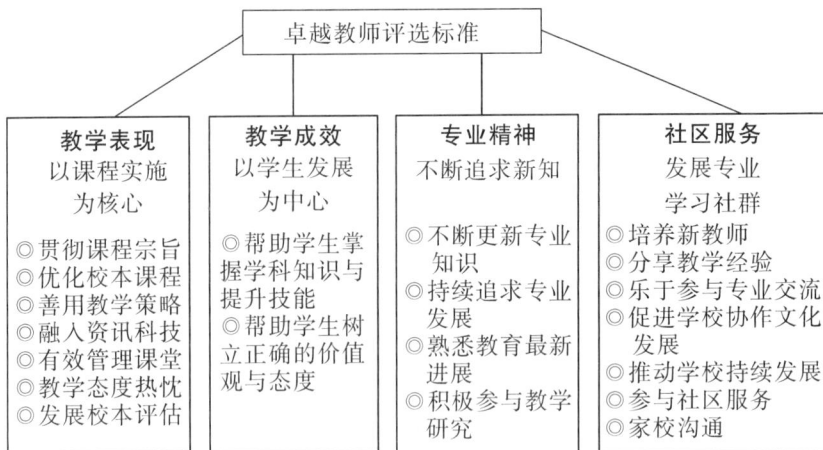

图1-1　卓越教师评选标准体系模型

此卓越教师评选标准体系模型包含以下四个方面：

（1）以课程实施为核心，评价卓越教师的教学表现。

从国际卓越教师评选经验可知，对卓越教师的教学评价需要紧紧围绕本学科课程标准的实施情况来进行。而我国现有的优秀教师的评选标准对此要求非常笼统，也没有对课程实施的部分提出更加细化的要求。因此，我们在建构卓越教师评选标准体系时，需以学科课程标准为依据，评价卓越教师是否有效地规划设计与管理本学科的课程。同时，还需要评价卓越教师能否贯彻课程目标，在教学中运用不同的教学策略，并将资讯科技融入课堂；是否充满了教学热情；是否依据学科特点与学生情况，设计多元化的教学活动，且有效地管理课堂。此外，还需衡量卓越教师能否发展多元化校本评估，全面调整与改进教学计划，优化校本课程的工作成效。

（2）以学生发展为中心，评价卓越教师的教学成效。

我国现行的卓越教师评选标准多强调教师自身的教学研究成果，忽视了学生学习成效与学生对教师的评价因素。从国际的经验来看，评价卓越教师的教学成效需以学生的发展为中心，即卓越教师帮助学生掌握学科知识与提升能力的程度，促进学生树立正确的价值观与态度。理解学生的不同需求、尊重学生的不同文化背景、创造多元化的学习机会、为学生的成长与发展提供支持与服务，是评价教师专业发展的关键要素。美国优秀教师专业标准特别强调在教学中关注"所有学生""个体差异"等要素，要求卓越教师具备因材施教的知识与技能，致力于促进每一位学生的学习与成长。香港卓越教学奖也将实施照顾差异的教学、帮助学生达成学科相关的学习目标，作为衡量卓越教师的必备条件。因而，我们不仅要评价卓越教师在提高学生学业成绩方面的表现，还要重视评价其是否以学生为中心，能否在教学中兼顾学生的差异性，以及促进所有学生全面发展。另外，广泛征求学生对教师的评价也是我国评选卓越教师不可或缺的一个部分。

（3）以不断追求新知，评价卓越教师的专业精神。

对自身教学实践与学生学习成效进行系统反思，从经验中不断学习，积极运用学校资源，参与教学研究，进而改进教学质量，是促进教师专业发展的关键因素，也是卓越教师专业精神的重要体现。国内外的卓越教师评选体系均强调了卓越教师的专业精神。例如，我国上海市、北京市的特级教师的评选标准均提出，特级教师应具有先进的教育教学理念，及时吸收利用与本学科相关的现代科学知识，在教育教学研究和教学改革中取得显著成绩。而且，国外卓越教学评选标准也强调了卓越教师应具有不断更新专业知识，积极参与教学研究的专业精神。

大量研究表明，教师成功教学的关键在于运用学科教学法知识来教学，即教师把学科知识加工转化为学生能够理解的内容，并通过他们易懂的方式来传授。这就要求教师对学科知识有通透的理解，同时具备关于学生、课程、环境和教学法的知识。国外的标准重视评价卓越教师所具备的丰厚的有关"教与学"的专家知识。这些知识是其实施卓越教学的前提。而我国内地标准则笼统强调了卓越教师所具备的专业知识，并未强调其他有关"教与学"的知识体系。因而，熟悉本学科领域的最新进展、不断追求专业新知、引领教育教学改革是全球化卓越教师评选标准的相通之处，也是衡量卓越教师可持续性发展与终身学习的重要指标。

（4）以发展专业学习社群，评价卓越教师的社区服务。

中外卓越教师评选的重要目的之一是促进教师追求卓越的文化，而实现此目标的最优途径是建构发展学校的"专业学习社群"，这也是世界各国卓越教师专业发展的重要趋势。因而我们在评价卓越教师的社区服务时，应衡量其是否带领学校或本社区的教师积极开展专业交流，分享教学经验，指导新手教师成长，促进教师合作分享，形成良好的协作文化，最终推动学校持续性发展。另外，促进学校与家长之间的交流，增强家长对学校文化的认同感，以不断获得其支持，也是评价卓越教师的不可忽视的指标。

三、小结

在本章，研究者对我国内地与香港以及美国、英国、澳大利亚等地的卓越教师评选标准与评选过程进行了比较与分析。中外评选标准的相似之处在于，非常重视评价卓越教师在学科知识、教学研究、培养青年教师等三个领域的表现。而且，我国香港与国外标准更强调评价教师在关注学生的差异性、教学反思、社区服务、团队管理等方面的卓越表现。除此以外，我国内地与香港都比较重视评价教师的职业道德，国外的标准则没有重点强调此内容。在此基础上，研究者提出从课程实施、学生发展、追求新知、服务专业学习社群的多个视角来评价卓越教师的教学表现、教学成效、专业精神以及社区服务，进而对我国卓越教师评选标准体系建构提出策略建议。

第二章 全球化视野下的
教师专业发展过程

 教师专业发展是教师在不同环境中终身学习的过程。近年来，国际教师教育认知研究将认知学习理论与社会文化理论结合，提出教师在社会情景中具备的知识、思考与学习构成了"情景中学习"（Situated Learning）。①②③④ 在专业发展的过程中，教师在教学观念与教学实践上的转变，是体现其专业发展过程与成效的关键要素。在本章，研究者详细阐述了国外具有代表性的教师专业发展理论与模型，以展示教师在专业发展中复杂的学习过程⑤。在此基础上，还试图进一步剖析卓越教师专业发展的复杂成长机制。最后，从教师的自主学习、学校社区环境、发展评价机制等方面，提出我国卓越教师专业发展途径的建议。

---

 ① GREENO J G. On claims that answer the wrong questions［J］. Educational researcher, 1997（1）: 5 – 17.

 ② LAVE J, WENGER E. Situated learning: legitimate peripheral participation［M］. New York: Cambridge University Press, 1991.

 ③ PUTNAM R T, BORKO H. What do new views of knowledge and thinking have to say about research on teacher learning［J］. Educational researcher, 2000（1）: 4 – 15.

 ④ 顾佩娅. 解析优秀外语教师认知过程与专业成长［J］. 外语研究, 2008（3）: 39 – 45.

 ⑤ 左岚. 以"教师的转变"为核心的教师专业发展模型研究［J］. 教育发展研究, 2014（18）: 80 – 84.

第一节 教师的专业发展过程

一、教师的学习与转变

从 20 世纪末起，国外研究者们开始关注教师在专业发展过程中的学习与转变的情况。克拉克（Clark）等人概括了近二十年来国外学界探究教师转变的多个视角[①]：

（1）在培训中转变——教师在培训项目中被转变。

（2）在适应中转变——教师为适应变化的环境而调整其教学实践。

（3）作为自身发展的转变——为了提升教学成绩或增强教学技能与完善教学策略，教师主动寻求改变。

（4）在改革中转变——教师为实施体制改革做出的改变。

（5）在成长或学习中转变——教师自身作为学习者，通过专业发展活动，在工作的社区环境中的改变。

可以看到，国外学界的焦点从单一关注教师在培训项目中为增长新知识与完善教学策略而进行的被动学习，逐渐转向关注教师作为学习者在其专业成长历程中学习的过程。不少研究者指出，教师的专业发展是教师在不同的社会情景中，如在学校中作为学习者，在教师专业发展项目中作为参与者，以及在自己教学的课堂中作为教师进行学习的过程[②][③]。在此基础上，研究者精选了国外典型的教师专业发展模型，以深入分析教师在复杂环境中学习与转变的过程，尤其是影响

---

① CLARK D, HOLLINGSWORTH H. Elaborating a model of teacher professional growth [J]. Teaching and teacher education, 2002 (18)：947 - 967.

② COBB P, WOOD T, YACKEL E. Classrooms as learning environments for teachers and researchers [M] // DAVIS R B, MAHER C A, NODDINGS N. Constructivist views on the teaching and learning of mathematics. Virginia：National Council of Teachers of Mathematics, 1990：125 - 146.

③ FREEMAN D, JOHNSON K E. Reconceptualizing the knowledge-base of language teacher education [J]. TESOL quarterly, 1998 (3)：397 - 417.

教师转变的关键因素。本书中的"教师的转变"既包含教师教学观念的转变，又包含教师教学实践的转变。

二、以"教师的转变"为核心的教师专业发展模型

从 20 世纪 80 年代开始，国外学者便开始不断探究教师专业发展的模型，其中以"教师的转变"为核心的模型，主要运用于分析教师专业发展项目、教师的反思与实践以及学校环境三个领域对教师转变的关键影响。

（一）专业发展项目与教师转变

古斯基（Guskey）认为，学校管理者常常希望通过教师发展项目（Professional Development Program）转变教师的课堂教学实践方式与教师教学的态度和观念①②。他提出了以下教师转变的模型（见图2－1）。

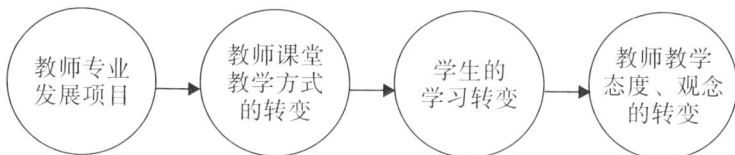

图2－1　发展项目下的教师转变模型

资料来源：GUSKEY T R. Professional development and teacher change［J］. Teaching and teacher education：theory and practice，2002（3）：383.

此模型详细阐述了教师专业发展项目、课堂教学方式的转变、学生的学习转变对教师观念转变的重要作用。图2－1所展示的四个部分的发展关系为：教师参加专业培训项目—教师在课堂中实施新的教学方式—学生在课堂上的学习变化—教师教学观念与态度的转变。从

---

① GUSKEY T R. Staff development and the process of teacher change［J］. Educational researcher，1986（5）：5－12.

② GUSKEY T R. Professional development and teacher change［J］. Teaching and teacher education：theory and practice，2002（3）：381－391.

这个模型可知，当教师运用了新的教学方法、新的教学材料或课程，又或者调整了教学步骤之后，学生的学习效果发生了变化，教师的教学态度与观念也随之发生改变。而这里的学生学习转变既包含了学生认知能力与学业成绩的提升，又包含了学生的行为与态度的积极变化。古斯基认为，教师的教学态度与观念源于其教学经验，而学生的学习转变就成为教师转变的关键要素之一。因而，只有当教师专业发展项目能够扩展教师的知识面与提高教师的教学技能，促进教师的成长，进而提升学生的学习效果，最终才能产生一个新的教师观念。而且，古斯基等学者也对这种模式进行了反思，认为若将教师转变的过程看成是基于培训的一个一次性过程，效果通常是不理想的。

（二）教师的反思、实践与教师转变

在古斯基的理论基础上，国外又有不少学者指出，教师的专业发展是终生的，教师作为主动的学习者，在专业培训与个人实践中积极反思，促进自身的专业发展，而学校则成为教师发展的社区环境①②③④。克拉克与霍林斯沃思（Hollingsworth）提出了教师发展的关联模型（The Interconnected Model of Professional Growth）（见图2-2），此模型同时强调了教师的个人、实践、成效与外界四个领域作为其专业发展的关键要素。⑤

① FREEMAN D, JOHNSON K E. Reconceptualizing the knowledge-base of language teacher education [J]. TESOL quarterly, 1998 (3): 397–417.

② LAVE J, WENGER E. Situated learning: legitimate peripheral participation [M]. New York: Cambridge University Press, 1991.

③ PUTNAM R T, BORKO H. What do new views of knowledge and thinking have to say about research on teacher learning [J]. Educational researcher, 2000 (1): 4–15.

④ SHULMAN L S, SHULMAN J H. How and what teachers learn: a shifting perspective [J]. Curriculum studies, 2004 (2): 257–271.

⑤ CLARK D, HOLLINGSWORTH H. Elaborating a model of teacher professional growth [J]. Teaching and teacher education, 2002 (18): 947–967.

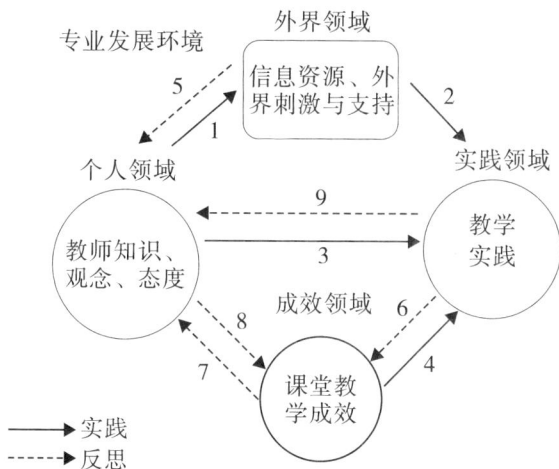

图 2 - 2　教师发展的关联模型

资料来源：CLARK D, HOLLINGSWORTH H. Elaborating a model of teacher professional growth［J］. Teaching and teacher education, 2002（18）: 951.

此关联模型包含了促进教师专业发展的四个重要领域：

（1）个人领域：教师知识、观念、态度。

（2）实践领域：教学实践。

（3）成效领域：课堂教学成效。

（4）外界领域：信息资源、外界刺激与支持。

将这四个领域关联起来即教师的反思（Reflection）与实践（En-actment）的过程。此模型强调教师的转变过程，某一领域的转变，通过教师的反思与实践会引起其他领域的变化。此模型包括教师的实践（实线箭头部分）与教师的反思两个部分（虚线箭头部分）。教师的实践（箭头 1~4）不是指简单的行动，而是教师将某个观念或教学模式转变为教学实践的过程。具体分为几个步骤：教师主动积极地学习（箭头 1），在获得信息资源、外界刺激与支持后，开始形成新的教学策略（箭头 2）；教师在接受了新的观念后，开始新的教学实践（箭头 3）；当教师从课堂教学效果中得到积极的反馈，会持续实施新的策略（箭头 4）。教师的反思过程（箭头 5~9），具体分解为以下几个步骤：教师通过获得信息资源、外界刺激与支持引发教师知识、观念、态度的变化（箭头5）；经过教学实践后，教师反思自己的教学成效（箭头6）；教师反思学生学习成效，并修正自己的知识、观念与态度（箭头7）；此外，研究者们还假设了教师在修正观念后重新审视自身的教学成效（箭头8）；最后，教师反思教学实践过程，形成新的知识与观念（箭头9）。

此模型还强调教师发展的外界环境，克拉克与霍林斯沃思认为，教师专业培训项目、学校订阅的专业杂志、学校管理层对教师实施创新教学实践的支持、与大学专家的讨论、学校为教师的反思与教师之间的交流提供的支持等，都将成为教师专业发展的机遇或限制，特别是由此带来的教师在教学观念与教学实践方面的转变，在此模型中也得以体现。

（三）学校环境与教师转变

另外一些西方学者，例如奥普弗（Opfer）等人特别强调了学校环境对教师学习的重要影响。他们认为教师观念既受到个人因素的影响，又受到学校体制环境的影响。尤其是教学经验较少的教师通常会依从于学校的集体教学观念（Collective Pedagogical Beliefs）。学校集体的体制、支持与标准形成了一种集体学习取向，成为影响教师学习的重要因素。[①] 奥普弗等人提出了以下模型（见图2–3）：

---

① OPFER V D, PEDDER D J, LAVICZA Z. The influence of school orientation to learning on teachers' professional learning change [J]. School effectiveness and school improvement, 2011 (2): 193–214.

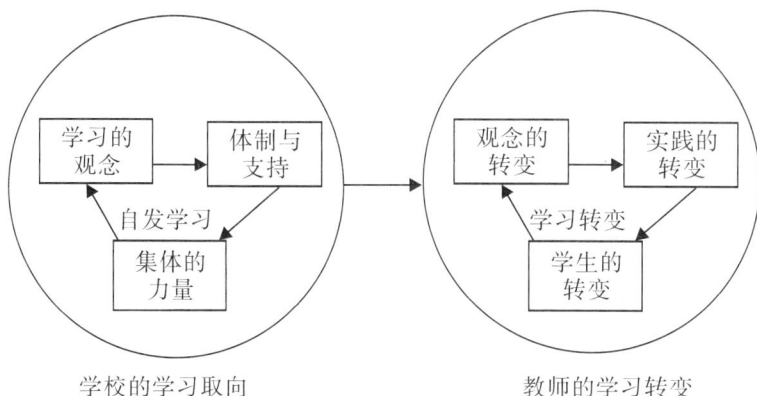

图 2 - 3 　学校学习取向对教师学习转变影响的模型

资料来源：OPFER V D，PEDDER D J，LAVICZA Z. The influence of school orientation to learning on teachers' professional learning change ［J］. School effectiveness and school improvement，2011（2）：197.（有删改）

此模型包括学校的学习取向与教师的学习转变两个部分。其中，学校的学习取向部分包含了学校对于学习的观念、学校的体制与支持、学校集体的力量，以及三者之间循环发展的过程。教师的学习转变部分包含了教师观念的转变、教学实践的转变与学生的转变，以及三者之间循环发展的过程。其中，学校的学习取向决定教师的学习过程。奥普弗等人提出，学校层面的学习取向包含了学校对于学习的观念与实践，决定了其为促进教师学习提供的支持，进而形成体系。这是一种集体式的学习与教学实践，具备了集体的力量。当观念与实践不相吻合时，便促使了学校教师的自发学习。学校的学习取向决定了在校教师学习的共同目标、相应的组织结构、集体的标准与实践模式。而且，教师参与的学习活动是否成功取决于学校的学习取向，如果学校的学习取向不积极，那教师们便无法经历从学习中转变的过程。此模型的另一部分即教师的学习转变，也重申了古斯基提出的观点，即教师在教学上的改变促进了学生学习，进而帮助教师更新观念。最后，奥普弗等人还强调，学校为教师的学习创造了源源不断的机会，鼓励教师之间的交流，合作与团队学习，创造了资源共享的平台，这些都有助于教师个人与学校的共同发展。

三、促进教师专业发展的关键因素

纵观国外学者的相关研究，可以发现，教师专业发展模型从单向的线性模型开始向复杂的互动模型转变，影响教师转变的关键因素已从单一的教师专业发展培训项目，发展到教师自身的反思与实践以及教师所处的复杂的学校社区环境等多重因素。由此说明，促进教师转变的关键因素，既包含学校社区的环境因素，又包含教师自我调节的个人因素。

（一）教师在学校社区环境中的学习

强生（Johnson）与戈隆贝克（Golombek）依据维果斯基（Vygotsky）社会文化理论，从社会文化、内化与转变（Internalization and Transformation）、最近发展区（Zero Path Difference，ZPD）三个视角分析教师的学习过程。社会文化角度强调教师从社会环境，包括自身的学习环境与工作环境，以及亲身参与的社会活动中塑造自己的教学行为。内化与转变是指教师运用不同的资源，调节自身教学行为的认知过程。按照最近发展区的观念，教师可以从自身所在的环境（包括与同事讨论、现有教学资源、外界专家协助等）中寻求帮助，建造自己的最近发展区，作为自我调节的中介方式（Mediation Means）。教师通过不同社会资源，例如教学书籍、同事、专家知识等，在行动中发展自己的教学观念，或转变教学实践。这些资源与环境形成了一种外在环境，促使教师形成认知与情感的内在转变。[①]

（二）教师自身的反思与实践

教师自身的反思与实践也是教师在学习中转变的关键要素之一。蔡克纳（Zeichner）与利斯顿（Liston）认为，教师学习过程可通过"从经验中学习"和"从社会中学习"两方面来分析。其中反思是教师学习过程中关键的环节。舍恩（Schon）基于杜威（Dewey）的经验学习理论，提出教师"对行动的反思"（Reflection-on-action）、"在

---

① JOHNSON K E, GOLOMBEK P R. "Seeing" teacher learning [J]. TSEOL quarterly, 2003（4）：729－737.

行动中反思"（Reflection-in-action）。教师在遇到困难、困惑或难以解决的事件时，就开始反思学习，并产生新的知识。教师的反思不仅仅是个人学习，它还可以通过与他人交流来实现。教师反思的范围不仅围绕课堂，还涉及针对其所在的学校教学环境进行的反思①。林进材认为，反省思考是效能教师（优秀教师）教学成长的主要核心。效能教师在教学结束之后，会反省自己的教学活动和学习者的反应，并以此作为检讨教学得失及修正教学活动的依据。② 而且，在教学过程中遇到的关键事件（Critical Events）也成为教师自我反思的关键契机③④⑤。

中国学者的相关研究也得出了与国外学者的研究相类似的结论。不少研究者认为，教师自身的学习与教学实践是教师专业发展的重要特征。自主的学习与探究，教学与科研是专业发展的关键要素，另外，学校社区环境的支持，包括各类专业培训、专家讲座、公开课活动、教育书刊、与教育专家的交流、师徒制/导师制、教研组与备课组等多种环境因素也促进了教师的学习与转变⑥⑦⑧。

第二节　卓越教师的专业发展过程

2014 年，我国教育部正式出台了卓越教师培养计划与新的教师教育课程标准，强调了教师教育课程"实践导向"与"终身学习"的

① ZEICHNER K M，LISTON D P. Reflective teaching：an introduction ［M］. Mahwah：Lawrence Erlbaum Associates，1996.

② 林进材. 教育研究与发展 ［M］. 台北：五南图书出版有限公司，1999.

③ GOODELL J E. Using critical incident reflections：a self-study as a mathematics teacher educator ［J］. Journal of mathematics teacher education，2006（9）：221 - 248.

④ KELCHTERMANS G. Getting the story，understanding the lives：from career stories to teachers' professional development ［J］. Teacher and teaching education，1993（5）：443 - 456.

⑤ 徐碧美. 追求卓越：教师专业发展案例研究 ［M］. 陈静，李忠如，译. 北京：人民教育出版社，2003.

⑥ 朱晓民. 语文教师教学知识发展研究 ［M］. 北京：教育科学出版社，2010.

⑦ 杨翠蓉. 教师专业发展：专长的视野 ［M］. 北京：教学科学出版社，2009.

⑧ 赵冬臣，马云鹏，韩继伟，等. 中学语文教师专业知识来源调查与分析 ［J］. 教师教育研究，2009（6）：65 - 70.

理念，要求将学科前沿知识、课程改革和教育研究最新成果充实到教学内容中。但是，在国内外历次教育改革中，中小学教师却很难将学术界的教育学理论运用到日常教学实践中，以实现"理论联系实际"①。专家们通过培训项目使教师们获得了教学知识，却无法帮助他们在真实的问题情境中了解和运用学术界的理论，以解决教学实践中的问题，由此造成了教师的理论学习与教学实践的分离②③。另外，不少研究显示，作为教学典范的卓越教师们却能将理论知识与教学实践完美地结合在一起，实现"理论知识实践化"与"实践知识理论化"，并不断追求卓越教学④。而且，他们还积极参与教学研究，将研究理论运用到自身的教学实践中，实现了"在研究中进行教学"与"在教学中进行研究"的二者合一⑤⑥。

因而，深入探究如何跨越理论与实践相结合的鸿沟，对我们培养卓越教师，提高教师教育质量无疑有重要的意义。在本节，研究者基于对国外教师专业发展模型的研究，试图建构卓越教师的理论与实践的互动模型，从新的视角揭示卓越教师将理论知识与教学实践相结合的动态发展过程⑦。

一、卓越教师的理论知识与教学实践

（一）卓越教师的知识：教学的基础

1987 年，舒尔曼（Shulman）最早提出了教师教学应具备的知识基础（The Knowledge Base for Teaching），包含七个类别的内容知识：

---

① 陈向明. 理论在教师专业发展中的作用 [J]. 北京大学教育评论，2008（1）：39 - 50.

② 陈向明. 从教师"专业发展"到教师"专业学习" [J]. 教育发展研究，2013（8）：1 - 7.

③ 赵明仁. 国际视野中教师专业发展状况及对我国的启示——基于 TALIS 报告的分析 [J]. 教师教育研究，2013（3）：100 - 106.

④ 徐碧美. 追求卓越：教师专业发展案例研究 [M]. 陈静，李忠如，译. 北京：人民教育出版社，2003：269 - 277.

⑤ 黄露，刘建银. 中小学卓越教师专业特征及成长途径研究——基于 37 位中小学卓越教师传记的内容分析 [J]. 中国教育学刊，2014（3）：99 - 104.

⑥ 胡定荣. 影响优秀教师成长的因素——对特级教师人生经历的样本分析 [J]. 教师教育研究，2006（4）：65 - 70.

⑦ 左岚. 跨越理论与实践的鸿沟——基于卓越教师的专业发展模型分析 [J]. 全球教育展望，2016（1）：39 - 47.

学科内容知识；一般教学法知识；课程知识；学科教学法知识；关于学习者及其特征的知识；关于教育情景的知识；关于教学目的、目标、价值方面等的知识。他指出，教学知识基础的主要来源包括学科知识、教学材料与组织、教育学术知识、实践的智慧四个方面。舒尔曼提出的教师知识概念意义深远。他强调成功的教学不仅需要学科知识，也需要学科教学法知识①。2004 年，舒尔曼又总结了近二十年来研究者们对教师知识的研究成果，指出教师教学的知识基础包括学科、内容、跨学科的知识；对课程的理解；课堂管理与组织；对课堂学习的评估；了解学生在智力、社会、文化与个性上的特征②。2014年，国际经济发展与合作组织（Organization for Economic Cooperation and Development，OECD）发布了 2013 年全球教与学的国际调查报告（Teaching and Learning International Survey，TALIS）。结果显示，能够提升教师教学质量并产生积极影响的学习内容，有学科知识、学科教学法知识，学生评教、班级管理、教育特殊学生的方法等③。由此看来，教师拥有的不同类型的知识构成了其教学实践的重要基础，他们基于自身的理论知识开展教学实践④⑤。

不少研究指出，卓越教师具备丰厚的学科教学法知识，能够把学科知识加工转化为学习者能够理解的内容，并通过他们易懂的方式来传授。转化过程中体现了卓越教师对学科知识的通透理解，对学科知识的前沿发展情况的把握，同时具备关于学习者、课程、环境和教学

① SHULMAN L S. Knowledge and teaching: foundations of the new reform [J]. Harvard educational review, 1987 (1): 1 – 23.

② SHULMAN L S, SHULMAN J H. How and what teachers learn: a shifting perspective [J]. Curriculum studies, 2004 (2): 257 – 271.

③ OECD. A teachers' guide to TALIS 2013: teaching and learning international survey, TALIS [M]. Paris: OECD Publishing, 2014.

④ SHULMAN L S. Those who understand: knowledge growth in teaching [J]. Educational researcher, 1986 (15): 4 – 14.

⑤ SHULMAN L S. Knowledge and teaching: foundations of the new reform [J]. Harvard educational review, 1987 (1): 1 – 23.

法的知识①②③。

（二）卓越教师的教学：实践的智慧

舒尔曼最早将教师的教学实践过程称为"实践的智慧"（Wisdom of Practice），并提出了教师的教学推理与实践模型（A Model of Pedagogical Reasoning and Action），如表2－1所示：

表2－1　教师的教学推理与实践模型

◎理解
对学科教学目的、学科结构、学科的内涵与外延知识的理解
◎转化
准备：对文本进行批判性理解与分析，组织与发展学科课程，对教学目标进行归类
呈现：运用一系列呈现的方式，例如分析、比喻、举例、展示、解释等
选择：选择教学手段，包括教学、组织与管理模式
按照学生特点进行调整与适应：预先规划学生的学习过程，提前考虑到学生可能遇到的困难、误解，从语言、文化、动机、社会阶层、年龄、能力、资质、兴趣、自我概念与态度等方面出发
◎教学
实施课堂管理，运用生动的教学方法，实施探究性教学，呈现教学内容，运用师生互动、小组活动、幽默教学、教师提问等多种策略
◎评估
在师生互动中评估学生的学习成效
在教学结束后检测学生的学习成果
评估个人的教学表现，从而调整自身的教学方式与观念

---

① 徐碧美. 追求卓越：教师专业发展案例研究［M］. 陈静，李忠如，译. 北京：人民教育出版社，2003：64－65.

② BERLINER D C. Learning about and learning from expert teachers［J］. International journal of educational research，2001（35）：463－482.

③ 李琼，吴丹丹，李艳玲. 中小学卓越教师的关键特征：一项判别分析的发现［J］. 教育学报，2012（4）：89－95.

（续上表）

◎反思
回顾、重构、批判性分析、反思自己的教学过程与学生的学习表现
◎形成新的理解
对教学目标、学科、学生、教学与自身形成新的理解
巩固新的理解，从经验中学习

资料来源：SHULMAN L S. Knowledge and teaching: foundations of the new reform [J]. Harvard educational review，1987（1）：15.

　　舒尔曼提出的教师教学推理与实践模型包含了教师对学科与教学的理解、备课时的转化、教学实施、教学评估、教学反思以及对"教与学"形成新的理解等多个环节，是一个循环的过程。他还指出，教师在此过程中的环节可能会按照不同的顺序进行，在教学中也不一定会呈现所有的环节。[①]

　　另外，从国际上对卓越教师教学实践的评价标准来看，无论是美国优秀教师专业标准，还是我国香港行政长官卓越教学奖的卓越指标，都要求卓越教师能够关注学生的差异性；熟悉本学科知识的最新进展，深谙学科教学法知识，结合学生的特点，运用有效的多元化教学策略教授给学生知识；在课堂中采取多样化的方式评估学生的表现；对教学实践进行系统思考，从经验中学习；运用批判性的眼光来审视自身的教学实践，不断扩展自身的知识面与提升教学技能。

　　可以看到，卓越教师在教学实践上的关键特征在于，其具备丰富的关于"教与学"的知识基础，关注学生的差异性，能依据学生的不同特点，运用灵活多样的策略进行教学，并不断评估学生的学习成效与反思自身的教学实践，善于从经验中学习，从而增加自身的教学智慧。

二、卓越教师的专业发展过程

　　以往大多数研究都是通过静态的单线模型来分析教师专业发展的

---

　　① SHULMAN L S. Knowledge and teaching: foundations of the new reform [J]. Harvard educational review，1987（1）：1-23.

过程。例如强调教师经验反思机制的"教师的成长＝经验＋反思"模型①。还有体现优秀教师专业发展核心要素的"洋葱圈模型"②，此模型强调优秀教师在环境、行为、能力、信念、认同、使命等关键因素的层叠关系。但教师专业发展并不是一个简单的线性过程，尤其是专家知能（Expertise）的形成过程③。因此，很难通过这些单向线性模型深入地揭示卓越教师专业发展的复杂动态过程。

克拉克与霍林斯沃思基于前人的研究提出了教师专业发展关联模型（The Interconnected Model of Professional Growth），重点关注了教师在信息资源、外界刺激与支持，教师知识、观念、态度，教学实践与课堂教学成效四个领域之间的动态转变过程，尤其关注教师的教学实践与反思的要素④。并且，此模型体现的教师专业发展的关键特征与国际上对卓越教师的相关研究结果较为一致。例如，卓越教师专业发展的过程是卓越教师在社会文化环境中学会教学的过程，经历了外界支持、自我转变与自我调节的三个互动阶段。具体而言，卓越教师出于个人兴趣开始参与专业发展，在外界的支持与指导下，进而开始进行自我监控、自我调节与自我增强。随着自我调节阶段的逐渐成熟，他们开始突破环境的限制，获得更多有利于自身发展的资源，从而迎接各种挑战。⑤ 而且，卓越教师还具有改进教学的强烈愿望，勇于在课堂上进行新的探索与实验，反思自身的教学与学生的学习表现，甚至反思学校的教学环境，从而追求卓越教学⑥。

研究者对此模型进行了修正，试图建构卓越教师理论与实践的互动模型（见图 2 - 4），以深入探究其专业发展的复杂性，尤其是将理

---

① 朱旭东．论教师专业发展的理论模型建构［J］．教育研究，2014（6）：81 - 89.

② KORTHAGEN F. In search of the essence of a good teacher：towards a more holistic approach in teacher education［J］. Teacher and teaching education，2004（20）：77 - 97.

③ BERLINER D C. Learning about and learning from expert teachers［J］. International journal of educational research，2001（35）：463 - 482.

④ CLARK D，HOLLINGSWORTH H. Elaborating a model of teacher professional growth［J］. Teaching and teacher education，2002（18）：947 - 967.

⑤ BERLINER D C. Learning about and learning from expert teachers［J］. International journal of educational research，2001（35）：463 - 482.

⑥ 徐碧美．追求卓越：教师专业发展案例研究［M］．陈静，李忠如，译．北京：人民教育出版社，2003：279 - 290.

论与实践相结合的动态发展过程。

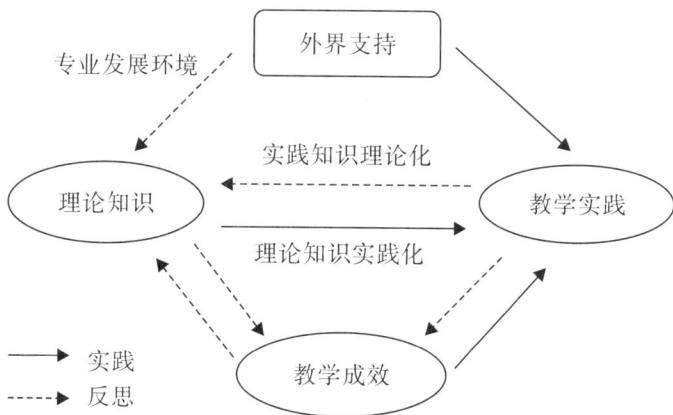

图 2 - 4 卓越教师理论与实践互动模型

此模型包含了促进卓越教师理论知识与教学实践之间动态发展的四个重要领域：

（1）外界支持：卓越教师从培训项目、教学研究、其他专家引领、学校政策等各种资源中获得支持、信息等。

（2）理论知识：卓越教师所具备的丰富而融合的知识基础，整合了关于学科、课程、学科教学法、学生以及教学环境等各种知识。

（3）教学实践：卓越教师开展的日常教学活动，或尝试新的教学实验。

（4）教学成效：卓越教师培育学生的成效，包括学生的认知能力、学习动机、态度、价值观等方面的发展效果。

这四个领域是卓越教师实践与反思的关键要素，体现了其"理论知识实践化"（见图 2 - 5）与"实践知识理论化"（见图 2 - 6）的过程。

（一）卓越教师将理论知识实践化的过程

图 2 - 5 是卓越教师将理论知识实践化的过程，侧重于教师基于理论指导下的实践过程（用实线标示）。具体分为以下几个步骤：卓越教师在获得外界支持后开始改进教学或实施教学实验（箭头 1）；同时，基于自身丰富的理论知识基础进行教学实践（箭头 2）；他们

依据学生的表现，评估自身的教学成效，如得到学生的积极反馈，则保持原有的教学实践，如教学效果欠佳，则会调整以后的教学实践（箭头3）。

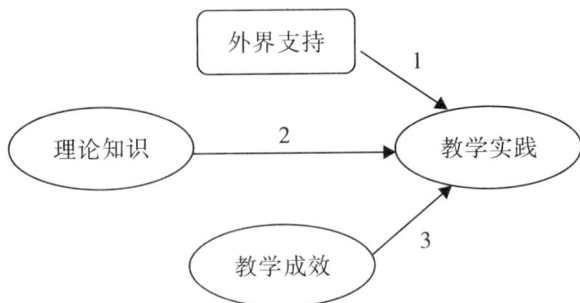

图 2-5 理论知识实践化的过程

（二）卓越教师将实践知识理论化的过程

图 2-6 是卓越教师将实践知识理论化的过程，侧重于教师的积极反思过程（用虚线标示）。具体分为以下几个步骤：卓越教师积极主动地运用外界资源、获得外界支持，形成了自身关于"教与学"的各种理论知识（箭头1）；经过日常教学实践或尝试新的教学实验后，他们反思自身的教学成效（箭头2）；从而保持或修正了原有的理论知识（箭头3）；在更新了自身的理论知识之后，他们又重新审视自身的教学成效（箭头4）；最后，通过反思整个教学实践的过程，建构了新的理论知识（箭头5）。

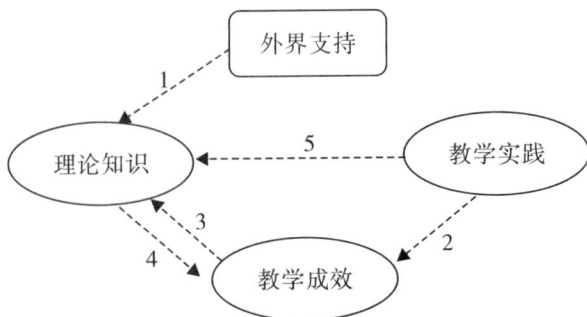

图 2-6 实践知识理论化的过程

可以看到，教师不仅需要系统的、典型的、学术理论性的知识，还需要灵活的、具有反馈性的、以谨慎推理为基础的实践①。他们通过反思从经验中学习②，即通过对自身教学的反思和教学经验的提炼所形成的对教学的认识，获得了具有一般性指导作用的实践性知识③。其中，卓越教师的实践性知识又通过其经常性的反思与有意识的思考得以上升为理论知识。而且，他们不断寻求理论新知，使自身的实践性知识得到新的启示，并指导着日常教学实践。在此过程中，卓越教师形成了"实践经验理论化"与"理论知识实践化"的互动过程④。

（三）卓越教师的专业发展环境

教师的理论知识和教学实践与所处的环境紧密相连。教师知识塑造了其课堂教学行为；同时，课堂实践行为也形成了他们的知识，他们在行动中和行动后反思自己的行为，从而逐渐获得了对教学的新的理解。教师在这一过程中获得了知识，并指导着他们的实践行为⑤⑥。教师作为积极的学习者，在学校、专业培训与教学实践中积极反思，促进自身的专业发展，学校则成为教师专业发展的学习社群⑦⑧。而学校专业学习社群，则包含教师专业培训项目、学校教学图书资源、学校管理层对教师实施创新性教学实践的支持，以及与大学专家的讨论、教师之间的反思与交流等⑨。还有学者指出，学校的学习取向

---

① SHULMAN L S. Theory, practice and the education of professionals [J]. The elementary school journal, 1998 (5): 511 – 526.

② SHULMAN L S, SHUIMAN J H. How and what teachers learn: a shifting perspective [J]. Curriculum studies, 2004 (2): 257 – 271.

③ 陈向明. 对教师实践性知识构成要素的探讨 [J]. 教育研究, 2009 (10): 66 – 73.

④ 徐碧美. 追求卓越: 教师专业发展案例研究 [M]. 陈静, 李忠如, 译. 北京: 人民教育出版社, 2003: 273 – 274.

⑤ 徐碧美. 追求卓越: 教师专业发展案例研究 [M]. 陈静, 李忠如, 译. 北京: 人民教育出版社, 2003: 73.

⑥ KORTHAGEN F. In search of the essence of a good teacher: towards a more holistic approach in teacher education [J]. Teacher and teaching education, 2004 (20): 77 – 97.

⑦ FREEMAN D, JOHNSON K E. Reconceptualizing the knowledge-base of language teacher education [J]. TESOL quarterly, 1998 (3): 397 – 417.

⑧ PUTNAM R T, BORKO H. What do new views of knowledge and thinking have to say about research on teacher learning [J]. Educational researcher, 2000 (1): 4 – 15.

⑨ CLARK D, HOLLINGSWORTH H. Elaborating a model of teacher professional growth [J]. Teaching and teacher education, 2002 (18): 947 – 967.

(School Orientation to Learning) 也十分重要，例如学校为教师专业学习而建立的体制与提供的支持、教学绩效管理、教师的学习环境、教师之间的协作支持、学校设立的教师专业发展的愿景、提供的专家引领等，促进了本校教师的教学观念、教学实践与学生学习的积极转变，对其专业发展具有关键性的影响。同时，教师在学校开展的集体性专业学习活动中所产生的经验与转变过程，又会形成学校的体制与组织文化。①

卓越教师在其多年的工作生涯中，保持着自主学习与终身学习的态度，运用各种有利资源（例如大学专家、同事、其他专家），尤其是在其学校学习共同体的支持下，积极学习，以建造自身专业发展的最近发展区。这些资源形成一种外在环境，促进了卓越教师在行动中发展或转变自己的教学观念，建构了关于"教与学"的丰富知识体系，从而创造了卓越的教学实践②③。同时，卓越教师还能积极适应工作环境，不受环境因素的限制，超越这些制约因素并再造其工作环境。④

卓越教师之所以能够跨越理论与实践的鸿沟，主要取决于以下几个重要因素和过程。一是卓越教师通过自主学习积累了大量的学科知识、学科教学法知识等，为其卓越教学奠定了坚实的理论基础。二是卓越教师基于自身的知识基础积极开展教学实践，或者大胆尝试教学实验，实现"理论知识实践化"。三是卓越教师通过有意识的思考与系统性反思，尤其是反思其教学成效、教学研究，促使其将实践经验上升到理论知识，甚至形成新的理论，实现"实践经验理论化"。这些形成了卓越教师专业发展的一个循环互动的过程，而其所在的学校

---

① OPFER V D, PEDDER D J, LAVICZA Z. The influence of school orientation to learning on teachers' professional learning change [J]. School effectiveness and school improvement, 2011 (2)：193 – 214.

② JOHNSON K E, GOLOMBEK P R. "Seeing" teacher learning [J]. TSEOL quarterly, 2003 (4)：729 – 737.

③ 左岚. 粤港专家教师阅读教学个案研究 [M]. 武汉：华中师范大学出版社，2013：183 – 195.

④ 徐碧美. 追求卓越：教师专业发展案例研究 [M]. 陈静，李忠如，译. 北京：人民教育出版社，2003：268.

学习共同体的积极支持，则构成了促进其专业发展的有利环境。

三、对我国教师专业发展的启示

教师的专业发展是自我导向的自主学习过程，教师的理论知识与教学实践是互相渗透的，而且能够得到学校学习共同体的支持①。因而，促进教师在学校专业学习共同体下的自主学习是我国教师专业发展的关键要点。

（一）激发教师可持续性的自主发展

教师专业发展是一个持续性的自主学习的过程。研究显示，阻碍我国教师专业发展的内在因素包含以下几个方面：教师个人没有形成良好的学习习惯，由这些教师组成的学校群体也轻视学习文化；教师仅凭个人经验和惯例教学，缺乏对经验的深层次反思；教师凭直觉做教学研究，缺乏理论和研究方法的指导。外在因素则集中于教师的工作负担过重，学校领导风格不好等方面。

激励教师自主学习与建造良好的学校学习共同体是促进我国教师专业发展、培养卓越教师的重要途径。教师需要通过进修在职教育硕士、博士学位，阅读专业书籍，出国交流深造等多种途径，增加自身的学科知识与学科教学法知识。另外，我国教师还可通过申报各种研究课题，自愿参加教学实验，与大学专家交流，将国内外先进的教学理论与研究成果运用到自身的教学实践中，实现"学习、反思与实践"的自主发展过程，积极实现"教师的转变"。

（二）保障学校社区环境的积极支持

我国中小学教师在传统的校本教研活动中经常会针对实践中所遇到的问题进行深入讨论，这对于教师形成教学经验，顺利解决实践中的问题起到了重要的作用，但这种校本学习活动对教学问题的理解缺乏深度与高度的认识②。而近年来"大学与中小学合作伙伴"（University-School，U-S）模式为中小学教师开展"基于理论的实践探索"

---

① 陈向明. 从教师"专业发展"到教师"专业学习"［J］. 教育发展研究，2013（8）：1-7.
② 赵明仁. 国际视野中教师专业发展状况及对我国的启示——基于 TALIS 2013 报告的分析［J］. 教师教育研究，2013（3）：100-106.

或"基于实践的理论提升"提供了良好的途径。中小学校既需要重视教师在同伴互助（"师徒结对""专家引领""量体裁衣"等）过程中对教学实践的反思与改进，以提升教学质量；又需要发挥高校教授的学术专长，加强教师们对理论的提升。① 同时，教师们还可以通过参与工作坊（Workshop），向大学研究者介绍自己的教学实践情况，或者展示教学视频，邀请研究者们根据其教学理念、实践与教学情景，展开深入的讨论，从而帮助教师们从新的视角反思自身的教学，更好地将理论与实践结合在一起②。

舒尔曼指出，通过构建学校学习共同体，一方面，即在个人层面上，能促进教师通过反思从经验中学习，加深其对学科、课程与教学法的理解；另一方面，又可以促进其在学习社群里分享学校决策、共享目标，加强协作实践，建构知识基础③。因而学校需要不断发展各种形式的教师学习共同体，让教师能够在良好环境中实现自主学习、反思实践、分享协作，从而跨越理论与实践的鸿沟，实现卓越教学。

（三）建立教师专业发展的评价机制

通过相关文献可知，我国较少对教师专业发展的效果进行系统的评价，因而建立教师专业发展的评价机制尤其重要。从国外学界对教师专业发展的理论与模型来看，教师学习新的理念、实施新的教学策略以及学生的学习转变成为教师转变的关键因素，因而教师对专业发展项目的评价、教师的学习效果、教师运用新的教学策略及其对学生学习的影响，成为我国教师专业发展评价机制中不可或缺的因素。

四、小结

本章综述了国外学界关于教师专业发展的代表性理论与模型，重点探究了卓越教师如何跨越理论与实践的鸿沟及其与外界环境的互动过程。这些理论与模型都强调了卓越教师积极运用外界资源，学习新

---

① 孔凡哲，彬彬. U-S 合作的焦点：以专业引领促学校发展：以大学与地方政府合作办学为例［J］. 教育发展研究，2014（8）：61－65.

② PUTNAM R T，BORKO H. What do new views of knowledge and thinking have to say about research on teacher learning［J］. Educational researcher，2000（1）：4－15.

③ SHULMAN L S，SHUIMAN J H. How and what teachers learn：a shifting perspective［J］. Curriculum studies，2004（2）：257－271.

的知识与教学策略，实施新的教学实践，反思课堂教学，评估学生的学习成果，转变其教学观念的复杂过程。可以说，卓越教师专业发展的过程就是自主学习、实践、反思、评估、转变等一系列自我调节以及与社会互动的动态发展过程。由此看来，我国教师需要积极运用外界的各种资源，增长学科知识与学科教学法知识，实现长期的自主学习与积极转变；学校也应尽可能为教师的专业发展营造良好的环境，提供更多的支持；同时，我国教师专业发展的评估体制也应考虑到教师专业学习的效果、学生学习的转变等重要因素。

第三章 粤港卓越教师专业
发展个案分析

在本章，研究者基于中外卓越教师专业发展的研究成果，采取多重个案研究的方法，深入探究了粤港卓越教师专业发展的复杂过程。本研究精心选择广东与香港获得最高教学奖的中文卓越教师作为研究对象，以教学观念与教学实践作为研究焦点，通过教师访谈、课堂观察、资料收集等方法收集研究数据，运用融入式分析的方法，深入探索了影响粤港卓越教师专业发展的关键因素[①]。

第一节 研究背景

2014 年，我国教育部全面启动卓越教师培养计划，其中明确了实施卓越教师培养计划的目标是"培养一大批师德高尚、专业基础扎实、教育教学能力和自我发展能力突出的高素质专业化中小学教师"，以整体推动教师教育改革创新，充分发挥示范引领作用，全面提升教师培养质量。

卓越教师的专业发展是一个持续追求卓越的复杂过程，其过程受到了社会、学校、个人等多方面的影响。卓越教师具备了丰富的"教与学"的知识，有着强烈改进教学质量的愿望，在课堂教学中勇于开展教学探索与试验。他们经常进行反思、自我评估和向同事学习，将实践知识通过反思和有意识的思考上升为理论知识，最终实现"实践经验理论化"与"理论知识实践化"，经历了不同的发展阶段[②]。同

[①] 左岚. 粤港专家教师阅读教学个案研究 [M]. 武汉：华中师范大学出版社，2013.

[②] 徐碧美. 追求卓越：教师专业发展案例研究 [M]. 陈静，李忠如，译. 北京：人民教育出版社，2003.

时，卓越教师所处的专业发展社群，形成了一种积极的外界环境，促进其建构丰富的知识基础，塑造卓越的教学实践。①

目前我国教师教育的研究多集中于教师专业化澄清和专业地位的获得，关于教师专业发展效能的研究非常少②，而深入探讨作为教学典范的卓越教师的专业发展过程，研究其卓越教学的形成机制，对于探索我国卓越教师专业发展的途径、提升教师培养质量，具有重要的借鉴价值，也是本研究的意义所在。

第二节　研究设计

一、研究问题

本研究的焦点问题：影响粤港中文卓越教师专业发展的关键性因素是什么？

二、个案选择

按照目的性抽样（Purposeful Sampling）与最大信息量（Information-rich）的原则③，研究者以具有典型特征的粤港中文卓越教师作为研究对象进行研究。同时，基于中外学界对卓越教师的评选标准④⑤，研究者在选择研究对象时，综合考虑了专家与同行的推荐、教师的背景及其学生的表现与评价等因素。本研究中卓越教师的背景资料如表3－1所示。

---

① JOHNSON K E, GOLOMBEK P R. "Seeing" teacher learning [J]. TSEOL quarterly, 2003 (4)：729－737.

② 丁钢. 全球化背景下的教师专业发展创新计划 [M]. 北京：北京师范大学出版社，2009：40.

③ MERRIAM S B. Qualitative research and case study application in education：revised and expanded from case study research in education [M]. San Francisco：Jossey-Bass Publishers, 2001.

④ BERLINER D C. Learning about and learning from expert teachers [J]. International journal of educational research, 2001 (35)：463－482.

⑤ SMITH L C. Life history as a key factor in understanding teacher collaboration and classroom practice [J]. Teacher education quarterly, 2001 (28)：111－125.

表 3 - 1　粤港卓越教师的背景资料

地区	卓越教师	性别	学历	教龄	所教年级	班级类型	担任职务	获得荣誉
广东	余老师	男	本科	20	高二	普通班	教研主任	市名教师、学科带头人
	马老师	女	本科	17	高二	实验班	备课组长	市名教师、学科带头人
	谢老师	女	博士研究生	12	高一至高三	实验班	备课组长	青年骨干教师
香港	鲍老师	男	硕士研究生	26	高一	文学班	副校长	香港行政长官卓越教学奖
	区老师	女	硕士研究生	20	高一	普通班	科主任	香港行政长官卓越教学奖
	吴老师	女	硕士研究生	6	高一	普通班	科主任	香港行政长官卓越教学嘉许状

三、数据收集方法

依据研究问题与研究目的，研究者对每个个案都采取了多种方法来收集资料，并创建个案数据库，建立证据链①。本研究通过教师访谈、课堂观察与收集现存资料等方式，同时运用出声思维、刺激性回忆等方法，来探究卓越教师专业发展的形成机制，并辅以田野调查，即对任务、情景和研究对象进行叙事性描述等。

（一）教师访谈

在本研究中，研究者通过对教师深入访谈以收集数据，从而探究卓越教师现时的教学观念，溯源其以往的经验。大量研究显示，教师

---

①　YIN R K. Case study research: design and methods (4th ed.) [M]. Los Angeles: SAGE, 2009.

的个人背景、学习与工作经历常常会影响其教学观念与实践①②，尤其是教师的生活史（Life History）③④、教学生涯中的关键事件（Critical Event）⑤⑥，是教师在不同的社会情境下自我发展的关键因素。因而，研究者对研究对象进行了深入访谈（In-depth Interviewing），询问个案教师的个人背景、学习经历、培训经历、教学中的关键事件等，试图了解研究对象对个人学习经验与关键事件的反思，探究这些经历促进教师专业发展的过程⑦⑧。

访谈采取渐进性聚焦、半结构的方式⑨进行。本研究所使用的半结构访谈提纲（见表3－2），改编自以往类似研究的访谈提纲。在访谈的过程中，研究者努力保持中立、客观的态度，所有的访谈问题都是开放型的，不带有任何价值倾向⑩。

① SMITH J A，HARRE R，LANGENHOVE L V. Rethinking methods in psychology ［M］. London：SAGE，1995.

② SMITH L C. Life history as a key factor in understanding teacher collaboration and classroom practice ［J］. Teacher education quarterly，2001（28）：111－125.

③ KELCHTERMANS G. Getting the story，understanding the lives：from career stories to teachers' professional development ［J］. Teacher and teaching education，1993（5）：443－456.

④ WOODS P. Conversations with teachers：some aspects of life-history method ［J］. British educational research journal，1985（11）：13－26.

⑤ GOODELL J E. Using critical incident reflections：aself-tudy as a mathematics teacher educator ［J］. Journal of mathematics teacher education，2006（9）：221－248.

⑥ KELCHTERMANS G. Getting the story，understanding the lives：from career stories to teachers' professional development ［J］. Teacher and teaching education，1993（5）：443－456.

⑦ CLANDININ D J，CONNELLY F M. Teachers' personal knowledge：what count as "personal" in studies of personal ［J］. Curriculum studies，1987（19）：487－500.

⑧ BELL J S. Narrative inquiry：more than just telling stories ［J］. TESOL quarterly，2002（36）：207－213.

⑨ WOODS P. Managing marginality：teacher development through grounded life history ［J］. British educational research journal，1993（5）：447－465.

⑩ SMITH J A，HARRE R，LANGENHOVE L V. Rethinking methods in psychology ［M］. London：SAGE，1995.

表3-2　粤港卓越教师访谈提纲

卓越教师访谈问题	
卓越教师的个人信息	请您介绍自己的教龄、职称、任教的年级与学生情况
卓越教师的教学设计与教学反思	请您谈谈今天这节课的教学设计理念。 请您谈谈这节课的教学目标是什么？为什么？ 您准备实施什么样的教学方法？为何采取此教学方法？ 您准备实施哪些评估方法或布置什么作业来检验学生在这节课的学习效果？ 您觉得今天这节课怎么样？学生的表现如何？ 您最喜欢哪个部分，最不喜欢哪个部分？为什么
卓越教师的教学经验	您经常采用哪些方法来教授课文？ 您教授了学生哪些学习方法与技巧？ 您认为哪些教学方法对提高学生的语文能力最有帮助？ 您是如何选择教学材料的？依据是什么？ 您是如何启发学生的学习兴趣的？哪些活动是学生最喜欢的？ 有没有尝试过采用分组或小组合作的学习方法进行教学？如有，具体是如何进行的？您认为效果如何？为什么？ 在教学中，您如何兼顾不同能力的学生？在不同层次的班级教学中，您如何设立不同的教学目标，实施不同的教学方法？ 您经常采用哪些评估方法？您认为哪一种评估方法对提升学生的语文能力最有帮助？ 您认为教学最重要的目标是什么？ 您理想中的教学是怎样的？ 您认为个人的学习经验、学校、学生等因素是如何影响自身教学的
卓越教师对专业发展过程的反思	您在教学中受到的限制或遇到的困难是什么？ 请谈谈自己从小学、中学到大学的学习经历。 有没有哪些学习方法或教师的教学方法，让您至今记忆深刻？

（续上表）

卓越教师访谈问题	
卓越教师对专业发展过程的反思	请谈谈自己的教学经历。 反思教学，您认为哪些因素（如个人学习经验、工作经历、在职培训或其他）对促进自己的专业成长影响最大？ 您是如何指导新手老师教学的？您认为促进新手老师成长的最关键因素是什么

（二）课堂观察

课堂观察的重要目的在于描述教学过程、发现教学问题和促进教师的教学发展①。非参与性观察（Non-participant Observation）主要强调研究者无须直接进入被研究者的日常生活领域，而是置身于被观察者的生活领域之外，从旁观者的角度来了解现象与行为的意义②。非参与性观察需要研究者对研究对象时行一个中立的、孤立的观察，以深入性描述典型个人行为的细节。而且，对于非参与性观察的分析单元，通常是有限的、明确的和准确的③。

研究者按照自然主义的观察方法，并采取自然性课堂观察的方法来收集教师课堂教学的资料。在进行课堂观察时，研究者进行非参与性观察，以减少对课堂教学的干扰④⑤。在收集课堂教学数据的过程中，研究者经常坐在教室后的某个角落，架起录像机或事先将录音笔放在讲台上，录制课堂教学的整个过程。因课堂录像或录音具有完整性，以便进行后续的详细分析。研究者按照每位卓越教师的教学安排，对其进行了尽可能长时间的课堂观察。这种持续性观察有利于减小研究者对现场的影响，还可以使研究者更深入了解教学过程中真实

---

① WAXMAN H C, THARP R G, HILBERG R S. Observational research in U. S. classroom [M]. Cambridge：Cambridge Press，2004.

② 潘淑满. 质性研究：理论与运用 [M]. 台北：心理出版社股份有限公司，2005.

③ WRAGGE E C. An introduction to classroom observation [M]. London：Routledge，1999.

④ LINCOLN Y S, CUBA E G. Naturalistic inquiry [M]. Beverly Hills：SAGE，1985.

⑤ DENZIN N K, LINCOLN Y S. Collecting and interpreting qualitative materials [M]. Thousand Oaks：SAGE，1998.

的情景①。本研究收集的卓越教师课堂教学的相关数据如表 3 - 3
所示。

表 3 - 3 粤港卓越教师教学篇目

地区	卓越教师	教学篇目		课时 （40 分钟/节）
广东	余老师	现代散文	《囚绿记》	3 节
			《捕蝶者》	3 节
			《论快乐》	2 节
			《论趣》	1 节
			《命名记》	1 节
			《听听那冷雨》	2 节
		古代散文	《登泰山记》	2 节
			《杜十娘怒沉百宝箱》	3 节
	马老师	现代散文	《秦腔》	2 节
			《囚绿记》	1 节
		古代散文	《六一居士传》	2 节
			《鞭贾》	1 节
	谢老师	现代散文	《囚绿记》	1 节
			《远与近》	1 节
			《听听那冷雨》	1 节
		古代散文	《石钟山记》	2 节
			《段太尉逸事状》	3 节
香港	鲍老师	现代散文	《书》	10 节
		古代散文	《醉翁亭记》	10 节
	区老师	现代散文	《请客》	3 节
		古代散文	《六国论》	3 节
			《触龙说赵太后》	4 节

---

① ERLANSON D A, HARRIS E L, SKIPPER B L, et al. Doing naturalistic inquiry: a guide to methods [M]. Newbury Park: SAGE, 1993.

（续上表）

地区	卓越教师	教学篇目		课时 （40 分钟/节）
香港	吴老师	现代散文	《散步》	1 节
			《灯》	2 节
		古代散文	《陈情表》	2 节
			《石钟山记》	2 节

在本研究中，研究者对卓越教师的课堂观察，分以下几个阶段开展：首先，对课堂进行无结构性观察。除了聚焦研究问题，关注教师的教学过程、师生互动以外，研究者还对学生的课堂表现、课堂阅读环境、学生阅读材料等进行观察，并完成详细的现场记录。依据现场记录（例如，课堂上发生的"有趣事件"，研究者感兴趣的某段师生对话，教室墙面上贴着的"成绩排名表"等），研究者在课后及时对教师进行访谈，请教师进行"出声思维"[1][2]，回忆并讲述当时的想法，以深入探究教师的教学观点。随后，研究者对调查所得资料进行初步分析，归纳主题。最后，研究者进行后续的自然性观察，聚焦于研究问题与前期数据的初步分析结果，试图对分析结果进行验证与扩展。

（三）资料的收集

围绕研究焦点，研究者的资料收集主要包含能体现卓越教师教学观念与教学实践的各种教学材料、教师手记、教学论文，以及反思日志、博客等。

四、数据收集过程

为了较好地管理文本研究的数据[3]，研究者对数据收集的每个阶

---

① ARMOUR-THOMAS E. The application of teacher cognition in the classroom: a new teaching competency [J]. Journal of research and development in education, 1989 (22): 29 – 37.

② HARGREAVES A, FULLAN M G. Understanding teacher development [M]. New York: Teachers College Press, 1992.

③ MARSHALL C, ROSSMAN G B. Designing qualitative research (5th ed.) [M]. Los Angeles: SAGE, 2011.

段进行详细记录，其中包含研究时间、研究地点、研究对象与研究内容。数据收集的过程按照"提问、聆听、观察与检视"①② 的方式循环进行。本研究收集的卓越教师的资料如表3－4所示。

表3－4 粤港卓越教师资料收集概况

地区	卓越教师	课堂观察篇数/课时（40分钟/节）	访谈时长/次数	资料收集类别
广东	余老师	8篇/17节	17.3小时/23次	教学计划 课堂用幻灯片 教师反思手记 教师培训发言稿 校本课程资料 教师培训资料
	马老师	4篇/6节	7小时/7次	
	谢老师	5篇/8节	7小时/6次	
香港	鲍老师	2篇/20节	12.5小时/10次	
	区老师	3篇/10节	7.2小时/9次	
	吴老师	4篇/7节	7.2小时/6次	
总计		26篇/68节	58.2小时/61次	

五、数据分析方法

本研究中，研究者基于研究问题与理论框架来收集与分析数据，理论框架为分析数据提供了指引，帮助研究者筛选信息。同时，研究者采取开放的态度，随时分析数据，关注从数据中突显出来的与原有理论一致或相悖的内容，以指导随后的数据收集与分析，最后确定或建立新的理论③④。

---

① YIN R K. Case study research：design and methods（4th ed.）［M］. Los Angeles：SAGE，2009.

② 徐碧美. 追求卓越：教师专业发展案例研究［M］. 陈静，李忠如，译. 北京：人民教育出版社，2003.

③ MARSHALL C，ROSSMAN G B. Designing qualitative research（5th ed.）［M］. Los Angeles：SAGE，2011.

④ YIN R K. Case study research：design and methods（4th ed.）［M］. Los Angeles：SAGE，2009.

（一）访谈资料分析

研究者对所收集的教师访谈数据进行分析、综合与解释。主要包括以下两个方法：

一是管理数据。在收集数据之初，研究者记录下研究对象的个人资料、学校背景、学生能力水平，以及每次访谈研究者的时长等信息①。

二是发展编码。研究者将与每位卓越教师访谈的录音转录成逐字稿（见附录一）。为提高内在效度，研究者在完成逐字稿后，逐一发给研究对象，进行参与者查阅（Member Checking）。研究者依据本研究的研究问题，发展出一系列分析资料的编码结构，作为资料归类的基本单位。同时，研究者进行开放式编码（Open Coding），根据资料中反复出现的字词、短语等，形成编码类别。研究者选取了一小段访谈余老师的逐字稿作为编码示例，如表3-5所示。

表3-5 访谈编码示例

余老师访谈逐字稿	编码类别
研究者：为什么会想到运用小组合作的方式教学	
余老师：我在书上看到的，这种合作学习的方式对于激发学生思维很有效。看到美国教育类的书，书上列举的都是一些大问题，但他们不在乎解决的结果，而是在乎过程……这个给了我很大的启示。我们老是找一个答案，要不得。能力才是最主要的，学生会提问就会思考。学生参与到讨论中，说明他也会思考。语文培养的就是一种能力，以一篇文章为例，培养学生怎么读文章最重要，强调的是阅读能力	小组合作学习 阅读教育书籍 学生提问 培养阅读能力

---

① MARSHALL C，ROSSMAN G B. Designing qualitative research（5th ed.）［M］. Los Angeles：SAGE，2011.

3. 进行解释

研究者在编码的过程中，随时写下分析备忘录（Analytic Memo）以概括研究发现，并对每个主题进行定义。同时，研究者开展融入式分析（Immersion）[1]，不断进行分析性推理（Analytic Induction）与持续性比较（Constant Comparative Analysis），反复核实数据，最终形成类别与组型（Patterns）。研究者还从不同的个案数据中分析这些类别与组型，进行判断与描述，最后做出合理性解释[2][3]。

（二）叙事资料分析

在研究者对卓越教师的深入访谈中，几乎每位教师都会谈到自己的生活史或教学经历中的关键事件，对于这部分的数据，研究者运用叙事研究[4][5]的分析方法，从研究对象对这些关键事件的解释或从其书写的反思文本中，提取人物、地点、场景、情节、冲突、主题等信息，促使研究者深入理解研究对象的经历，以及研究对象对个人经历与关键事件的观念，从而探讨其阅读教学观的经验来源[6]。

研究者在探究卓越教师以往的经验时，按照克莱丁宁（Clandinin）与康纳利（Connelly）提出的，从内在（Inward）与外在（Outward），往前（Backward）与往后（Forward）四个方向进行。即关注研究对象对过往经验的个人感受（内在）、过去事件所发生的环境（外在）、个人历史（往前）与将来的方向（往后）[7]。换一种方式来说，也就是研究者在对教师进行深入访谈时，关注其个人生活史与

---

① 潘淑满. 质性研究：理论与运用［M］. 台北：心理出版社股份有限公司，2005.

② BERG B L. Qualitative research methods for the social science（5th ed.）［M］. Boston：Pearson，2004.

③ MARSHALL C，ROSSMAN G B. Designing qualitative research（5th ed.）［M］. Los Angeles：SAGE，2011.

④ CLANDININ D J，CONNELLY M F. Narrative inquiry：experience and story in qualitative research［M］. New Jersey：Jossey-Bass，2000.

⑤ WEBSTER L，MERTOVA P. Using narrative inquiry as a research method：an introduction to using critical event narrative analysis in research on learning and teaching［M］. New York：Routledge，2007.

⑥ BELL J S. Narrative inquiry：more than just telling stories［J］. TESOL quarterly，2002（36）：207 – 213.

⑦ CLANDININ D J，CONNELLY M F. Narrative inquiry：experience and story in qualitative research［M］. New Jersey：Jossey-Bass，2000.

关键事件（往前），及其对这些经历或事件的内在感受（内在）、当时的环境（外在）以及对将来的想法（往后）。

　　研究者选取吴老师对一次公开课的回忆为例，展示如何分析卓越教师的过往经历，如表3-6所示：

表3-6　叙事资料分析示例

吴老师访谈逐字稿	叙事分析要素
研究者：请谈谈您是如何上公开课的	
吴老师：我上过一次公开课，讲的是闻一多的《也许》，里面讲到他的女儿死了。学生阅读时并不会感到悲哀，因为他们还没有孩子，所以无从悲哀。首先我放了一段音乐，然后告诉学生，现在有一位父亲，站在女儿的墓前，他在想女儿曾经如何在他面前跑来跑去。接着这位父亲在女儿的墓前念了一首诗歌。这首诗我自己练了很久才有感觉。我跟自己说不要害羞，有感情地读出来。读的时候我让他们（学生们）闭上眼睛，听完之后，那种情感自然就来了	人物 场景 主题（配乐朗读） 情节（个人感受与学生反应）

（三）单个个案分析

　　在本研究中，研究者通过多种数据来源，将课堂观察、教师访谈转录成文字稿，并结合个案的现存资料，建立个案教师数据库。研究者将个案数据库与相关理论进行匹配，运用现有理论对个案关于"是什么""如何"和"为什么"的问题进行解释，形成证据链①。具体来说，研究者通过详细阐述研究对象的教学观念以探究其观念经验的

---

① YIN R K. Case study research：design and methods（4th ed.）［M］. Los Angeles：SAGE，2009.

来源。基于上述描述，研究者试图解释研究对象如何形成自己的教学观念，如何实施阅读教学实践，揭示影响其观念与实践的复杂因素。数据的收集与分析是一个反复循环的过程。研究者经常在观察完一篇课文的教学、完成一次访谈或查阅相关文件后，进行初步分析，常常发现其中有趣的部分，可能是研究者在初期未考虑到的要点，并在后续的访谈中继续"追踪"这些要点。

（四）跨个案分析

在收集数据时，研究者采取了个案导向的策略①，具有较明确的理论框架的指导，将每个个案当作是一个独立的研究来进行。在获得第一个个案数据后，研究者就要建立一个分析框架，并进行理论检验；随后以此框架来分析其他个案，并继续检验这些个案是否相似或出现新的概念②。这种分析方式与扎根理论的资料分析方式是相同的③。

研究者在完成每个个案的分析后，将多个个案进行综合分析，找出它们的个性与共性④⑤。本研究按照斯塔克（Stake）提出的多重个案的分析方法来分析跨个案数据。

（1）单个个案的研究发现。研究者综合单个个案中课堂观察、师生访谈以及相关资料收集等数据，并将这些数据分类，关注、概括单个个案的显著特征。同时，研究者还关注个案的非典型特征，这些特征的标记可能会对随后的推论与主张的提出起到重要作用。通过研究单个个案，研究者提出尝试性的主张（Tentative Assertions）。

（2）综合各个案的研究发现。研究者将每个个案的研究发现进行综合，同时保留个案的独特性。然后，研究者将这些发现进行分类，

---

① DENZIN N K, LINCOLN Y S. Collecting and interpreting qualitative materials［M］. Thousand Oaks：SAGE, 1998.

② YIN R K. Case study research：design and methods（4th ed.）［M］. Los Angeles：SAGE, 2009.

③ DENZIN N K, LINCOLN Y S. Collecting and interpreting qualitative materials［M］. Thousand Oaks：SAGE, 1998.

④ MERRIAM S B. Qualitative research and case study application in education：revised and expanded from case study research in education［M］. San Francisco：Jossey-Bass Publishers, 2001.

⑤ STAKE R E. The art of case study research［M］. London：SAGE Publications, 1995.

按照重要程度进行排序，并提出一些尝试性主张。例如：通过了解卓越教师对阅读教学目标的观念，研究者发现，几乎所有的卓越教师都主张发展学生的阅读能力与阅读兴趣，同时兼顾公开考试的要求，研究者试图将此进行合并。而且，除了这些共同特征以外，有些教师还持有自己独特的观念。

（3）提取分析要素。研究者围绕研究问题，从跨个案研究发现中提取相关的分析要素，进行分类与排序，最后提出尝试性主张。本研究从粤港的不同学校中收集研究数据，因此，除了个人因素以外，社会与学校环境是研究者分析的一个重要的主题。

六、研究信度和效度

信度涉及研究指标的"可信赖程度"，也就是测量工具的随机误差较小。效度是指研究工具可以测量到正确答案的程度，或是测量工具本身是否可以正确反映研究者所要探讨的概念之真实意义①。

（一）内在信度

内在信度表示在单一研究中，研究者们为了降低对内在信度的威胁，通常结合多种策略进行研究，其中包含：逐字解说与低推论性描述；多位研究者；参与研究助理；同伴检查与参与者检核；以机械记录资料；负向个案或不一致资料②。

本研究采用以下方法提高内在信度：用机器记录教师的课堂教学以及访谈内容，并转成文字稿；直接引用访谈内容，以减少推论；直接引用收集的研究对象的现存资料；请研究对象检核访谈内容。

（二）外在信度

外在信度是指独立的研究者在相同或类似的情景中，能发现相同的现象。梅里亚姆（Merriam）认为可以通过以下策略提高个案研究的外在信度：

研究者的角色：研究者可以详细解释研究假设以及自身的立场，选择个案的原因与过程；使用多种数据收集的方法和分析方法；过程

---

① 潘淑满.质性研究：理论与运用［M］.台北：心理出版社股份有限公司，2005.
② 王文科.质的教育研究法［M］.台北：师大书苑有限公司，1994.

的检验：研究者描述数据收集中关于自然的、社会的和人与人之间的情景以及数据收集的方法，分析数据建构和假设过程，得出结论过程中的细节。①

在本研究中，研究者详细说明了选择个案的原则与过程；使用多种数据收集的方法；详细描述数据收集过程，以提高本研究的外在信度。

（三）内在效度

内在效度是指研究者在研究过程中所收集到的资料的真实程度，及研究者真正观察到的所希望观察的内容。研究者们通常运用多元验证的方法来提高研究的内在效度。其中包括多种数据来源的互证、多名研究者的互证、多种理论的互证和多种研究方法的互证。使用数据互证的方法目的是检验研究者所观察的现象是否真实；有多名研究者（其他的研究者、专家）观察同一现象，互相印证，以免漏掉关键的信息；为了使理论更加完善和全面，运用多人的理论，这就是理论的互证；使用不同的研究方法可以抵消某些无关因素的影响②。

本研究采取以下方法提高内在效度：采用多元印证法；请研究对象核对相关内容，保证内容的真实性；通过长期的观察与访谈获取丰厚的数据。在本研究中，研究者在完成每位卓越教师的数据分析后，都会请研究对象核实其准确性，尤其是每位卓越教师教学观的分析部分。随后，研究者依据每位研究对象的核实结果，修改与补充数据中不太准确与遗漏的内容，以确保研究者的诠释基本呈现了研究对象的真实想法。

（四）外在效度

外在效度是指研究的结果可以被推论或一般化。研究者可以有效地描述研究对象所表达的感受和经验，并转译成文本资料，然后通过详细的描述与诠释过程，将研究对象的感受与经验，通过文字、图表

---

① MERRIAM S B. Qualitative research and case study application in education：revised and expanded from case study research in education ［M］. San Francisco：Jossey-Bass Publishers，2001.

② MERRIAM S B. Qualitative research and case study application in education：revised and expanded from case study research in education ［M］. San Francisco：Jossey-Bass Publishers，2001.

与意义交互运用过程达到再现的目的。① 有学者认为，运用多重个案的研究方法可以提高外在效度。本研究正是通过运用多重个案研究，并通过详细的描述以提高外在效度②。

本研究采用了多种方法提高信效度，如表3－7所示：

表3－7 粤港卓越教师研究信效度一览表

类别	提高信效度的具体方式
内在信度	用机器记录教师的课堂教学以及访谈内容，并转成文字
	直接引用访谈内容，减少推论
	直接引用研究对象的现存资料
	请研究对象检核访谈内容
外在信度	详细说明选择个案的原则与过程
	使用多种收集数据的方法
	详细描述数据收集的过程
内在效度	采用多元印证法
	请研究对象核对相关内容
	进行长期的观察与访谈，获取丰厚的数据
外在效度	运用多重个案的研究方法
	通过详尽的描述展示研究对象的资料

七、研究伦理

质性研究的伦理在于尊重研究对象，具有互惠性和公平性。研究

---

① 潘淑满. 质性研究：理论与运用［M］. 台北：心理出版社股份有限公司，2005.

② YIN R K. Case study research：design and methods（4th ed.）［M］. Los Angeles：SAGE，2009.

者需要尊重研究对象的隐私，如使用匿名，以及尊重其是否愿意参与研究，保证研究对象不会因为参与研究而受到伤害[1][2]。在本研究中，研究者事先征求研究对象的同意，并请他们签署研究同意书。同意书内容包括研究主题、研究目的、收集数据的过程、研究意义等，告知他们可以随时退出研究。除此之外，研究者还主动参与教师集体备课、聚餐、外出踏青等活动，与他们进一步交流，以了解学校背景、教师的协作文化等。例如，在鲍老师的研究个案中，研究者还多次参与了中文组同事中午的"饭团"活动，以了解他们的教师文化。

由于研究者与研究对象建立了良好的关系，因此在访谈的过程中，有些教师会谈到自己对同事、校长或教育政策的真实看法，或者其他一些敏感性问题。为了保护他们的隐私，研究者对研究中所涉及的学校、教师都采用化名。而且，在录制或分析这些敏感资料时，会先征询他们的意见。如果他们不愿意研究者对此进行录音或分析，则尊重他们的意见。

第三节　研究发现

本研究发现，影响粤港卓越教师专业发展的关键性因素有个人因素、学习共同体因素、社会因素，具体如表 3 - 8 所示：

---

① BOGDAN R C, BIKLEN S K. Qualitative research for education: an introduction to theory and methods (3rd ed.) [M]. Boston: Allyn & Bacon, 1998.

② MARSHALL C, ROSSMAN G B. Designing qualitative research (5th ed.) [M]. Los Angeles: SAGE, 2011.

表3-8 粤港卓越教师专业发展的关键性影响因素

地区	卓越教师	关键性影响因素		
		个人因素	学习共同体因素	社会因素
广东	余老师	自身学习语文的经历 广泛阅读文学作品 阅读教育类书籍 探索教学实践	学校政策 新课程理论培训 英国高中课程改革培训 班级情况	高考能力要求
	马老师	广泛阅读文学作品 阅读教育类书籍 探索教学实践	专家指引 优秀教师省级培训 学校阅读文化 英国高中课程改革培训 学生学习差异	高考能力要求
	谢老师	求学经历（从本科到博士研究生） 广泛阅读文学作品 探索教学实践	学校阅读文化 学生学习差异	高考能力要求
香港	鲍老师	广泛阅读文学作品 大学学习文学课程的经历 编写教材经历 探索教学实践	校内教师培训 参与大学研究项目 学生学习差异	考试评估要求
	区老师	求学经历 （中文教育/文化硕士研究生） 探索教学实践	参与校本课程设计 参与大学研究项目 学生学习差异	考试评估要求
	吴老师	自身学习语文的经历 学习教师文凭课程 探索教学实践	校本课程要求 驻校专家引领 观摩内地教师课堂 学生学习差异	考试评估要求

一、个人因素

本研究显示，影响粤港卓越教师专业发展的个人因素包括教师的求学经历、广泛阅读文学作品、阅读教育类书籍、自身学习语文的经历、反思探索新的教学实践等多个方面。

（一）教师的求学经历

卓越教师的求学经历是影响其专业发展的一个重要因素。香港卓越教师们通常通过学习教师文凭课程来积累相关学科的教学法知识。而且，粤港卓越教师大部分都在工作期间学习了硕士或博士相关专业的学位课程，进行了系统的专业学习，建立了完整的学科知识体系。

例如，广东的谢老师（以前本科是化学专业）在工作期间相继获得了硕士、博士学位，使她具备了丰厚的专业知识，同时，她也非常认同大学老师的教学方式，主张运用直接讲授的方法向学生传授知识。

有时候我的教学方式像大学讲课一样。学生与老师的最大区别在于，他是学生，我是老师，他是远远达不到我这个高度的。有时我需要"满堂灌"，你老老实实听着我说就行了。我说什么，你就听什么，这有什么不可以呢？在大学讲课也是这样，因为他达到不了你这个高度。如果你让他只是停留在自己的层次思考，那是永远也提高不了的。我现在发现，原来学生可以站在现在的高度想问题，原来他们是可以达到这个高度的。我就用写论文的形式去讲解。

而香港的区老师在获得了中文教育硕士与文化硕士学位之后，就非常注重在语文教学中培养学生对中国文学作品文化内涵的解读。

文化课程让我的眼界开阔了，看到了不同的东西，我觉得很好。读了文化硕士之后，发现文化研究原来可以有不同的角度、看法，与我以前想的不同，这是很好的感觉。还有，当你的看法有深度了，你会考虑自己同世界的关系，甚至进行进一步的思考。我常常和别人说，你不要相信我，你要勇于怀疑。你觉得别人的观点与你的不同，可以反对，也可以有不同的角度。

（二）广泛阅读文学作品

研究发现，这些卓越教师从幼年开始就非常热爱阅读，成为教师后，将这种热情融入自己的课堂教学中，以培养学生对阅读的终身兴趣。例如，香港的鲍老师谈到了自身对文学的热爱与追求，以及这种热爱对阅读教学的积极影响。

自己对本学科的热爱，对文学的热爱是很重要的。若你自己都不爱这门学科，就没有兴趣更新文学知识，这是最基本的。还有，自己要喜欢阅读，阅读要有目标。当然这也是自己知识的更新，也是自己的兴趣所在。还要发掘一些好的作品、好的书给学生看。如果我看到一个好的篇章，分把它分享给学生，他们也会有成就感，兴趣也就来了。

当你自己在不断努力，正确指引学生，很多原来讨厌文学的同学都对文学产生兴趣了。上课的时候，他们会觉得很享受。我看到他们在公开考试中取得了很好的成绩。还有一些同学在大学读的就是中文系，热爱中文。其实他们选不选择中文系都没有关系，如果学生不主动和我谈的话，我也不会主动去问。我不想给他们压力，我常常觉得这出于每个人自身的兴趣。但每年都有很多同学选择中文系。

鲍老师在教学散文《书》时，为学生展示了自己收集多年的毛边书、线装书等不同类型的书籍。对文学的热爱，促使他不断阅读大量文学作品，从而具备了丰厚的学养。他还依据自己对学生的了解，在课堂上为学生介绍与教材文本相关的课外书籍，并在校内大力推广"延伸阅读"的活动，以提升学生的阅读兴趣。

今天来讲，在教学方面，我常常跟学生介绍其他的作家及其作品，作为延伸阅读。对我来讲，我对这方面的兴趣很大，后来自己也看了不少书。所以选择什么书给他们来看，对我来讲也不是什么难事。但是，对于没有阅读习惯的老师，尤其对现当代文学没有怎么接触的老师，这是很难的。

在课堂上，我常读李白、杜甫、苏轼的作品，这就是延伸阅读。但学生抗拒古文，如果你跟他们讲的是白话的文学，他们接受的程度就会比较高。当然，不是说这样我就不介绍古代文学了。例如我教过《醉翁亭记》和《岳阳楼记》。我们每一年都有书展，都有些推介书推介给学生。如果我推介《李白文集》，你看同学会不会跟我谈？我相信不会了。所以我觉得我在大学的时候读过现当代文学，后来陆续读了很多作品，对我现在的教学工作是有很大的帮助的。

广东的谢老师很注重针对学生语文考试的指导，但更重要的是，她常常言传身教地向学生展示自身阅读的快乐，期待学生能够终身喜爱文学。

我今天在课堂上告诉学生，高考之后，把老师教的所有技巧全部忘记，记住一句话就可以了，"阅读是一辈子的事情"。现在因为要高考也没有办法，我的这个角色必须让他们的语文（成绩）上去，我觉得这种"操作"违背了语文教学的本质。今天上的《远与近》是一篇阅读文章，下面有三道题，是2009年的广州一模题。广州一模题与高考的题型接近，我们是比较重视的。因此我们在讲这篇文章的时候就会仔细分析这三道题考查的点在哪里以及如何从文章中找出来，学生必须怎样回答才能拿高分。讲这样的技巧就像是戴着镣铐跳舞，它已经不再是文学阅读了，也不再是语文了，而是纯粹的语文考试了，这是两回事。

（"戴着镣铐跳舞"的含义是？）

就是一种约束，即带着自己的思路阅读，不是为了阅读而阅读，是为了做题而阅读，这样阅读就不纯粹了。比如跳舞是一件酣畅淋漓的事情，但是你戴着枷锁，不可能跳得快乐，感受不到学习语文的那种快乐。

（"跳舞"是指阅读还是学习语文呢？）

都有。即带着约束去做一件事情，把原来很纯粹的事情变得不纯粹了。通过阅读，通过学习语文，可以提高学生的语文素养。一个人真正的语文能力，是思考的能力，这才是学习语文的目的。语文比较特殊，它关注的是人的心灵，懂得阅读的人会在阅读的过程中反思。有个学生就回答得很好，他说阅读有三个层次，阅读文本、阅读作者、阅读自己。阅读的过程本来就是一个思考的过程，长智慧的过程，积累的过程。一个善于阅读的人，也善于把别人的经历变成自己的经历，把别人的经验变成自己的经验，把别人的思想转变成自己的思想。现在的语文教学不可能使学生达到这个水平的。

我跟学生说就两个目标，短期目标就是高考，最简单，没办法。你要遵守这个游戏规则，你先高考，考好了，考到好的学校，有更宽广的视野，这是短期的目标。长期的目标在这个过程中兼顾一下，把语文当作一辈子的事情，我希望我的学生在我这里学到的不是机械的知识，而是一种观念，一种想法，还有就是对语文的那种热爱。

（"把语文当作一辈子的事情"的含义是？）

通俗地说，书籍是我们永远的朋友，智慧是可以从书籍中获得的。你不想变得愚笨，就要与书为友。大家从小学起就是这样说，只不过我说得真诚一点。一天不可能不读书嘛，因为有好多人上了高中就读了理科，很少再读文学的东西了，甚至不看书了。认为从事理科专业，就不需要看这些书了，但这是不对的。阅读应该成为一种习惯，成为生活的必需品才对。别的我无能为力，我只有不断强调学生，要他们理解阅读的快乐，阅读的意义，养成阅读习惯，把读书当成一辈子的事。因为读书的人才不会空虚，才不会愚笨。

她说起了与学生分享自己阅读与创作的经历，希望学生能够通过自己的言传身教对语文产生浓厚的兴趣。

我说我心里想的，我做我想做的，其实学生都能看到。有时我自己读了一篇好文章，十分兴奋，就会暂时停下手上正教学的课文，让学生先来谈谈这篇文章，让他们也感受那种真实的感动和快乐。上次我们看了一个诗歌的视频，有一位84岁的老婆婆在谈诗。我上次去参加古典诗歌的创作活动，我说先不讲李白的，也不讲杜甫的，先看看我的《木兰花》。我自己的学习小结，学习的心情，我都会分享给学生，让他们更了解我。

比如今天上课时，我所展示的就是我跟一个朋友谈的关于人生方向的问题，现在的情况与 15 年前有点相似。我那时是化学专业本科毕业，比较好的选择是做一名化学师，这条路应该很顺，毕竟我是中山大学毕业的，在那时毕业生还是不多的。但当时我还是有点犹豫，这跟我的理想不是那么接近。后来就当了语文教师，但我认为目标是高考的语文教学不是真正的语文教学，跟我提倡的语文学习不一致，我经常思考如何更好地学习语文。我愿意直接跟学生说，我自己是这样想的，我是这样做的。我写的文章，可以的，我都给他们看。我认为言传身教就是我是怎么想的，怎么做的，都让我的学生知道。

（三）阅读教育类书籍

积极阅读教育类书籍，不断更新教学理念，改进教学实践，也是促进卓越教师专业发展的重要因素。本研究中的卓越教师们都会有意识地阅读中外教育类书籍，并从中汲取新的教学理论，将其运用到自身的教学中。

例如，广东的余老师经常阅读美国教育类书籍，反思在传统阅读教学模式中"教师问，学生答"的弊端，从而促使他大胆尝试小组合作学习的新模式，鼓励学生在阅读的过程中进行自我提问与解答，从而提升学生的阅读能力。

我们现在的课堂普遍都有小组讨论，但都是老师提问。我现在要做的是让学生提问，让学生讨论，因为我觉得这样才是真正的讨论。看到美国教育方面的书上所列举的都是大问题，但他们不在乎解决的结果，而是在乎过程。我看到美国学生完成难度较大的作业时，他们都很仔细，论文的要素都有，至于结果如何，他不在乎。这给我很大的启示。我们老是找一个答案，要不得。能力才是最主要的，学生会提问就会思考，学生参与讨论，说明他也会思考。然后他还要作为小组代表去总结，学会归纳，表达就自然在其中，情感就会愉快。学生自己也感受到了这种方式的作用，语文培养的就是一种能力。以往的教学打着"培养能力"的旗号，实际做的只是传授知识。比如说，我们要求学生理解一篇文章，理解得一致、准确，这是没有道理的。我们以一篇文章作为例子，教学生怎么读文章，能力最重要。知识的积累在能力发展的过程中自然就实现了。

（四）自身学习语文的经历

卓越教师们自身学习语文的经历，对他们语文素养的形成产生了深远影响，从而促进他们形成了积极的语文学习观，进一步影响了他们入职后的专业发展过程。

广东的余老师在语文教学中积极大胆尝试"小组合作"的教学模式，源自幼时的学习经历。

我读小学的时候都是小组学习。课外的小组，放学之后由教师分组学习。比如同一个村的人，轮流到某个同学家去，完成读背和预习的任务，这种模式一直持续到初中。我自己的感受是小组合作的效果很好，很轻松、很愉快地就完成了。后来我在书上看到，说这种合作学习对激发思维也很有效。

广东的谢老师在小学四年级时转入了当地最好的一所小学，遇到了对她"人生中影响最大"的语文老师。她当时写作成绩不好，语文老师教她使用摘抄的方法来提高写作水平，她就开始大量阅读。一学期后，她的写作水平突飞猛进，作文常常被当作范文在全班朗读，还获得了全国作文大赛的各种奖项。她很快就成为班上语文考试第一的尖子生，之后语文成绩一直很好，她认为那是她人生的转折点。

我觉得要想语文成绩好，最重要的就是大量阅读。我读书时，课本发下来，从头到尾不到一个小时一本书就看完了，我一天能看三本。我的语文一直学得很轻松，跟我的阅读量是有关系的。凡是语文学得好的，都有这种经历，就是为了不让家长逮到，半夜躲在被窝里看书。我那时赶着一天看三本书，吃饭也看，在门口看，到了晚上还看不完，就在被窝里看，不知道读了多少书。现在的小学生，就比如我的孩子，读小学，数学学得好不好，不仅与的数学能力有关，而且和读题能力也有关。题都读不懂，怎么做题？所以我觉得语文学得好，其他课都不会差。四年级是我的一个转折点，从此以后，我的成绩就很好了。只要有字的就读，我那时所有的零花钱都用来买小人书了。有一次我去我的姨父家，他有些旧杂志，我现在都忘记了是什么杂志，其实是不适合我们小孩子看的，但我全部跟他要了，包括一本字典。那本字典现在还在我这里，就是那本现代汉语词典。那时候，有字的东西我都要。

而这样的经历也使她意识到广泛阅读的重要性，成为教师后积极与同事一起编写校本阅读教材，鼓励学生大量阅读课外美文。

香港的鲍老师在高中毕业后考入了香港大学文学院，主修中文。当时教授台湾文学的老师系统介绍了赏析台湾诗歌的方法，扩展了他在现当代文学方面的专业知识，为他今后教授文学鉴赏课程奠定了良好的基础。

教授台湾文学的老师带领我们赏析台湾文学作品，跟她学到了不少赏析方法。我也念过一门叫"文学批评"的课，从古代文学评论的角度来讲，文学批评一般都很抽象，例如说李白是"天马行空"，韩愈是"滔滔江河"。事实上我自己并不太喜欢从抽象的角度评论。钟老师教我们读新诗时，会强调从什么角度来读，比如说很重视意向，或者很重视氛围营造，等等。读台湾文学的时候，由于很多台湾作家受西方文学的影响，所以读他们的作品时也要先了解一些西方的文学作品及其特点。今天教学生的时候，我已经比较清楚了，就是不要说一些很抽象的评论。

（五）反思探索新的教学实践

研究发现，粤港卓越教师充分利用校内外各种资源，在长期的教学实践中不断反思自己的教学成效，改进教学，从而获得新的教学知识，产生新的教学观念，再将其付诸实践，最终形成了新的教学实践成果。

香港的区老师就是典型的例子。几年前，她所在的中学与香港大学合作开展了"相互教学法"的研究项目。其中，鼓励学生进行自我提问与自我解答是重要的教学策略之一。项目研究开始后，区老师将课堂上学生小组讨论后所提出的问题进行全班讨论，然后教学生甄别出一些"值得回应"的问题，自己或全班同学再进行解答，最后她来总结评价。她跟研究者谈起了一次印象深刻的教学经历：

> 另外一个是学生的提问，如何引导学生提一个值得讨论的问题呢？这也是一个很大的学问。因为以前觉得学生问的问题很无聊，很没意思。比如当时上《孙悟空三打白骨精》，学生问为什么白骨精要变三次。我说这只是一个故事。有的学生提问，比如为什么不是一次或两次，有的学生则说是好玩。之后就进行讨论，同学们对这个问题的讨论是很丰富的。
>
> 但平时的课堂是老师说、学生听。"学生不要问这些问题""这些问题不重要，先回答老师的问题"，所以我的认识是很深刻的。学生自己问，然后讨论，自己在讨论的过程中就理解了。学生的讨论也是根据课文而来，不是乱讲一通，也是联系了主题思想的。其实是很好的，小说有情节、人物、主题思想，学生就深入地学习这些，我觉得是很好的经验。以前是很怕的，没有想过这些。这个学生问得很好，解释得也很好，后来就是拿这个学生的答案出来分享。学生的提问还不够，一定要给答案。

反思这段教学经历，区老师告诉研究者，以往她对学生提问的感觉是"问得很无聊"，直到这次学生质疑了一个"不是问题的问题"，然后进行小组讨论，最后探索出文章情节背后的深层含义。她认为学生从提问到解答的过程，是深入学习的很好的经验。

广东的余老师在工作了十多年后，开始反思传统语文教学中以"教师问，学生答"为主的教学模式所存在的弊端，并积极探索如何培养学生自主学习与自我提问的学习习惯。

> 以往阅读教学存在的问题是主要由老师讲读，学生读一点。老师讲得多，所以教师提问是"假问题"，不是学生真正不解的问题。学

生通过讨论、思考，解决了一个老师已经解决的问题，没意义了。

他提倡学生自主阅读，要求学生预习每篇散文，独立完成预习作业，包括写摘要、勾画重点字词、进行自我提问与回答。他希望学生"能够读了之后有一些很直接的疑惑，再把疑惑变成问题，能清晰地把问题表述出来，之后再去讨论，去解决这个问题"。他讲述了自己教学生学会提问的过程。

一开始很难，我是从古文教学入手进行尝试的。我一开始告诉他们说，什么是难的，只要你不懂的就是难的。结果对于他们来说什么都是难的，后来我才发觉因为他们什么都不懂，显然这条路是走不下去的。这样没办法上课，几乎每个词都有同学有问题。后来我就跟他们说，选出来以后，在各自的小组里先解决能解决的，这样就减少了很多杂七杂八的问题。一开始就是这样，不容易。这是第一点。

第二点是要鼓励他们。无论他们提了一个多么幼稚的问题，你都不能表现出来你觉得这个问题太容易了，你得继续鼓励。所以在他们提问的时候，要给他们鼓励。因为学生可能本来就害怕，为什么老师提的问题不敢去解决，就是因为害怕。而他们自己的问题可以积极解决，是因为他不害怕。他们提问时，我会分析这个问题好在哪里，以此来鼓励他们，给他们信心。

（是全班评讲吗？）

全班评讲。一开始的时候，学生的问题我是收上来的，那时候分组不像现在这么分，不是按座位分组，经常变的。（班主任是怎么调座位的呢？）轮流，前后左右、中间两边这样调。所以学生座位很容易变化，小组不固定，这是上个学期的特点。所以我就收学生的提问，收也有收的不好，比如大多数问题都是上课时老师提出来的，而学生提出的许多问题都无法形成讨论。

（收到所有的问题后，您再进行评讲，是吗？）

我先对这些问题进行筛选，有些重复的、简单的问题，就不回答了。所以就会出现这种情况，因为已经筛过一遍了，相当于有一部分学生的问题，我无法为他们解决。剩下待解决的问题，我就会告诉他们，这个问题虽然很简单，但需要用一个什么方式去解决。然后再把几个要点给他们列出来，他们就容易明白，关于这道题，首先要做什么事，就是要把思维点写出来。有些问题看起来很简单，但是这些问题必须经过筛选归纳，之后还要有一个提炼，必须讲出教师自己的见解。学生提出来的大问题，都是探究性的问题，这必须在归纳后才能形成自己的观点。所以对于这些问题，你要跟他们讲，这些问题提得好。即使有些问题很简单，你也要跟他们讲这个问题的意义在哪里。

余老师解释说，"大问题"是指与文章内容主旨相关的问题，"小问题"是指只涉及文本细节内容的问题。他希望学生通过自己的开导提出一些探究性的问题，从而提升自身的阅读能力。余老师还把粤教版散文作为训练学生自主学习的材料，以培养学生自主阅读的兴趣。

二、学习共同体因素

粤港卓越教师所在的共同体环境对其专业成长产生了重要的影响，包括实施的一系列有利于教师专业发展的政策，组织学校与大学开展合作项目，鼓励教师与大学专家开展教学研究，鼓励教学实践创新，实行师徒结对，外请专家作为驻校教师，塑造良好的学校协作文化，发展校本课程等。

（一）专家引领

专家引领是促进两地卓越教师专业发展的重要因素之一。内地卓越教师在专业成长的过程中较多受到其他卓越教师（如教研员、地区名教师等）的指导，经常开展听课与评课活动，从而改进了教学质量。例如，广东的马老师认为在专家指导下的公开课教学，对自己的专业发展起着重要影响。她在反思日志中写了这样一段话："课堂教学永远有遗憾，但每次上课都能总结很多经验教训，收获很多。每上一次课，都能上一个台阶。正是在这种公开课的磨炼中，自己的教学水平得以不断提高。看来，今后多接受点挑战还是很有必要的。"她回忆自己从新手教师成长为卓越教师的过程：

有一个善于引导的老师是比较重要的。假如自己肯钻研，虚心学习，再遇到很好的前辈和引导的老师，就会少走很多弯路。我刚来学校的时候，我们的科组长就是特级教师，科组长对我的影响和帮助都很大。科组长对我要求很严格，指导很细致。关于老师的基本功、课堂驾驭的能力、教法方法，他都做了比较细致的指导。不过，有很多东西是要自己悟的。即使有这样的老师，他也不可能天天带着你。如果自己领悟到了很多东西，自己就有变化和进步了。以前每年都要上公开课，现在很多年轻老师不愿意上公开课，时间一久，他们就不会上了，也不知道该怎么上好一堂课了，没有明晰的目标。以前我上公开课时得到了很细致、很全面的指导，然后自己再去领悟，进步就比较大了。

马老师通过观摩专家的课堂教学以及在专家的指导下，反思与改进自己的课堂教学实践，获得了"市名教师""学科带头人"等荣誉称号。

香港卓越教师通过与大学开展研究项目，拥有了更多的机会与大学专家进行交流，从而吸收了新的教学理念，积极开展新的教学尝试。区老师通过参与香港大学"交互教学法"的研究项目，有机会与大学专家进行深入交流，促使她尝试将西方教育学的最新理论运用到自己的语文课堂中，从而提升学生的语文能力。回顾自己专业发展的过程，区老师认为她的成长与学习做单元教学的经历和得到大学专家的指导是密不可分的。她直言喜爱与大学教授一起做研究，这样可以向大学专家学习理论，让自己有一些"反省的空间"，从而"让自己做得更好"。大学专家与她进行课后交流，也能激发她反思自己的教学。

第一，是能够有机会学习如何做单元教学，我觉得这对自己的影响很大。以前的老师，教学生学一篇文章就一直读它。老师是这样教的，自己也是这样学的。当老师后，我的科主任教我做课程设计，我当时不知道怎么做，因为这对我来说是一个很大的挑战，后来就明白了我们不能像以前的老师那样教。当我做了几年，再读教育硕士的时候，明白了很多。在阅读方面，罗老师（香港大学教育学专家）对我的影响是很大的。就算我现在不用交互教学法教学，她也经常会问为什么我要这样做。当她问你这样做的目的，你就会反思了。比如这样做的目的是什么？教得好不好？我觉得很好，人生中有这么一位导师，是很重要的。另外一个人就是陈老师（香港大学教育学专家），对我的影响也很大。我以前没有这么多概念，教完一篇课文，不会想这么多，教完了就完了。她经常问，怎么扩展深度与广度呢？会不会提升呢？你就会思考。我觉得这是很大的挑战，正因为是很大的挑战，所以要把它做好了。

以前参与罗老师研究的时候，自己会写教学笔记。比如写原本打算怎么教，教多少，然后上完课以后记下是怎么教的，教得好不好。堂堂都写，但有些地方还是做得不好。《三打白骨精》的提问已经很不同了。我觉得这就是一个学习的过程。老师与学生是平等的，很多知识我也不懂，老师与学生一起学习。有些学生接受罗老师的访问时也说，老师与我也是一起学习的。我认为老师不一定是最权威的，我教学生学习的方法，但有些东西是学生教我的。我和学生们一起累积知识，这很重要。还不懂就去请教其他老师，我觉得很好。我们要以怀疑的精神，冲破权威。学问就是别人讲的东西，并不是要全盘接受，你要有自己的看法，这样你才能成长。我觉得学习是一件很好的事情。最重要的是，学生知道怎么提问，这样课堂的气氛也会轻松点。

可见，香港大学教育学专家对区老师的引领，促使其对教学实践进行反思与改进。她将大学专家提供的理论用于指导自己的实践，在教学中与学生共同探讨，学习成长，建立新的知识体系，形成了新的教学观念。香港的鲍老师所在的学校参与了香港中文大学"元认知策略的教与学"的研究项目，启发了他设计出将概念图与错误分析法结合在一起的教学方法。同时，鲍老师身为语文教材的编写者，曾与香港教育学院的教授一起交流编写教材，开始了解阅读方法与阅读策略的含义，并将之运用到自身的阅读教学实践中。

香港的吴老师所在的学校每年都组织教师去内地或者国外听课、学习与交流。前几年，学校还请了一位广东教学名师作为驻校教师，以帮助本校教师提升课堂教学质量。吴老师在长期的观察中不断反思，学习研究其他教师的教学策略（例如"改题目""反复诵读"

等），并根据自己学生的学习特点对其加以改进，运用到自己的课堂中，取得了良好的教学效果。

我们的观课，除了本校的互观之外，还有外面学校的老师来我校观课和我们出去观课这两种情况。每年有一次外出交流的机会，如外国语和中文组一起去新加坡，这是有关教育部门帮助老师进步的方法。我去过广州、佛山、深圳、北京。这些地方的老师上课很精彩。记得在清华大学听课，他们说到了关于教育发展的问题，我就把觉得好的方法借鉴过来。他们引导学生时，我会把他们说的有用的话也记下来。他们教的关于母亲、母爱的诗歌，我觉得好感动。我就用这种方法，也就是让学生想一想，母亲平时怎样对他，让他处在一个老师预设的环境里，他就投入了。我觉得这样就先把学生的心拉住了，整个气氛也被控制住了，学生就很容易被感动。

比方说我上了一堂公开课，上的闻一多的《也许》，就用了这个方法（在音乐背景下诵读）。讲的内容是闻一多的女儿死了，但是学生阅读时并不会感到悲哀。因为他们没有孩子，无从悲哀。于是我就用了一段音乐，然后开始讲，现在有一位父亲，站在女儿的墓前，回忆女儿曾如何在他面前跑来跑去。接着他在女儿的墓前念了一首诗，这首诗当然由我来读。这首诗歌我自己练了很久才有感觉。我跟自己说不要害羞，把诗歌有感情地读出来。他们（学生们）闭上眼睛听完之后，情感来了，感受到了。这是我学内地老师的，我发现很多内地老师都用这种方法。他们很容易引领学生多讲一点，学生回答问题之后，会挖深一点再问。而不会达到了就停下来，会继续追问。这些我都有借鉴。看学生情况，如果他们浅层面的也达不到，回答偏离了，我就一直问。他们有时不明白我为什么会一直这样问，他们会想别的东西，我试过。比如说我的问法与内地老师问的一样，但学生们会讲到别的东西，会生出很怪的念头。为什么会这样？因为他们觉得我懂他们的问题，这是针对写作技巧的问题。他们会觉得我那样问一定有其他的想法。他们并不知道，老师的问题能让他们把握写作技巧，通过动之以情的方法。

（二）参与教师专业培训项目

卓越教师参与的教师专业培训项目对其接受新的教学观念，实施新的教学实践，起到了关键性的作用。例如，广东的余老师分别于2000年、2004年参加了上海、广东的新课程培训活动，使他了解到了新课程的理念，但是对如何实施新课程产生了困惑。2009年，他远赴英国参加由教育局组织的英国新课程培训活动，学习英国高中课程改革的理念，观摩了英国教师的教学过程，看到了教学的"实例"，并不断思考如何在自己的课堂教学中运用小组合作的方式来培养学生的核心能力。

上海的培训活动打开了我的思路，那时我已经开始实施文言文小组合作学习的方案。这轮改革的新课程理念，我们从2001年就开始接触了。2009年在英国的短暂培训，让我明白，在上海培训时为什么会提出培养核心技能或基本技能。我之前并不知道怎么培养。我在英国的培训中看到了两个实例，一个是英语老师的示范，一个是数学老师通过讲解数学习题以体现交流和处理信息的能力。我们在出题的时候，对题目难度的把握这方面还差得远。

我为什么搞合作学习？合作学习只是一种形式，我的培养目标是掌握核心能力。英国培训给我最大的影响是，让我明白了教育应该抓住核心能力去培养。虽然形式我们要考虑，但是我们瞄准的是能力。合作学习对促进学生核心能力的提升是有非常大的帮助的，培训非常有效。我们现在是大班教学，做不到像英国那样，没有这个条件。英国是小班教学、网络化管理，能给学生充分的时间和空间，我们做不到。我们只有通过合作学习去解决。

从重视结果到重视过程，是我英国之行所学到的。关于这个问题我自己也思考了很多年。虽然我也做了实验，但这次培训使我更加自觉了。昨晚和一个老师吃饭，他和我说，你去了英国，别人也去了，但是你有天翻地覆的变化。他非常赞赏我。我观摩完英国的教学实例，感受到了这个过程的重要性。我回来的时候和一位教授讨论高效课堂，我们讨论到国内的高效课堂一定要讲到教学的密度。为什么英国的教学密度这么松，因为更多的时间都给学生去学习了。

我是带着目的去英国的，基本技能到底如何落实呢？例如英国的英语课，整个过程有阅读、运用、汇报，也有对概念的测试。这是我第一次了解到，我当时听了以后就非常兴奋。我觉得这真是我自己想做的事情。英国是老师可以不下课，一直讲下去的。每周我听一节课，他们就这么上。英国的老师给我们的英语老师上课，讲的是英国的文化，帮助我们的英语老师加深对英国文化的了解。我问上课的老师，如果你的学生水平不高，还能不能用这样的方式上课？他说不行。他起码形成了一种好习惯，这种方式正是我想要的。

（三）学校环境

本研究发现，影响粤港卓越教师专业发展的学校环境，包括学校文化、校本课程、班级情况等。

例如，香港的鲍老师回顾自己的发展历程，提到入职后的第二年便当了科主任，后来晋升为副校长。其间，校长、同事、学生都给予了他工作中很大的满足感，并在很多方面碰撞出火花，在教学与德育工作中实现了教师专业的长足发展。

我在教书的过程中获得了很大的满足，我有机会做很多不同的工作。我做了中文科主任，认识了很多人。大家在一起发展自己的理想，做课程设计，推动阅读，也有机会做训导的工作，等等。我比较幸运，但有很多与我同年的同学，却没有我幸运。我说的幸运是指进了一个比较新的学校，遇到好的校长，校长给了我很好的发展机会，还遇到了很多很好的同事。如果那么多好的因素集中在一起，可以在很多方面碰撞出火花。我做训导的工作，经常要维持纪律，学生们都很怕我。当我上课的时候，我又是另外一个人，我很开心，跟他们没有高或低的等级之分。在课余的时候跟他们一起做活动、露营、郊游。我自己觉得，与学生相处下来很有满足感。在学生看来，我是他们信服的老师。他们既可以看到我严肃的一面，又可以看到我的另一面，我在教学的时候很开心。我的学生们在公开考试中所取得的成绩也是比较好的。所以一路走来，都很有意思。

可见，校长的支持、同事的配合，以及学生学业上的表现，形成了促进卓越教师专业发展的积极环境。此外，作为副校长的鲍老师，还组织中文科教师每年举办一次书展，为学生推介高质量的书籍；经常带领学生参加文学营活动、诗歌朗诵比赛、作家工作坊活动等。在他的引领下，学校开展了一系列文学活动，形成了学校的文化传统，对学生的中文学习产生了深远的影响。

区老师是在学校的支持下开始与大学教授进行交流合作的，这促使她将新的教学策略运用到课堂教学中，达到自身专业发展的新高度。

另外，余老师身为教务处副主任，校长给予他特殊的"便利"，即可以进行小规模的教学实验。谢老师所在的学校安排她教一个优等班，使她可以按照大学教师的方法，系统地传授学科知识。

三、社会因素

语文考试评估是影响卓越教师专业发展不容忽视的因素之一。本研究中的卓越教师都在教学目标上提及应对考试要求这一点。但是，大多数卓越教师并未把应对考试看作影响语文教学的消极因素，而是积极地将考试目标融合到日常教学中。例如，广东的谢老师提到自己的教学目标时，就将考试的"短期目标"与爱好文学的"长期目标"融合在一起。

努力实现短期目标是为了保住我的"饭碗"，一切为了高考。我想通过我的努力提高学生的阅读能力与做题能力，使学生在高考中取得好成绩。长期目标是希望学生听了我的课，在我的指导下，从此爱上语文，从此爱上文学，与我一样。如果能够稍稍地改变他们的人生，让他们生活得更好，我就更开心了。如果一个人热爱阅读，他的心思会变得细腻，看世界的角度就不一样了。他的情感就会丰富得多，对这个世界就会热情很多，这些会改变他们的人生，不单纯指人生观。

我有两个学生，一个男生和一个女生，他们先后考入了华南师范大学中文系。那个女生说，因为我教了她一年语文，她从此爱上了中文，然后选择了华南师范大学的中文系，以后要做一名中文老师。她说的时候非常真诚。

理想中的阅读教学是两者都有，我是很现实的，常做的是第一个目标。我平时上课，也是为第一个目标服务，但我的情感是为第二个目标服务。

在香港的区老师眼里，考试评估对于自己的教学并不是一种限制，反而有积极的作用，可以帮助教师与学生把握文本的重要内容。她会依据考试要求，设置教学目标，试图找到适合学生的学习方法，帮助学生理解文本。但她也强调，教学目标不能仅仅局限于应对考试。

考试对我来讲，是好的，考试让我们更加清楚教学的目的是什么，然后找到一个好的系统或好的框架，帮助学生理解课文，去应试，所以应试不一定是不好的。但是有时候太过强调就会导致本末倒置，从而被考试"箍住"，这就是一个问题了。

更为重要的是，卓越教师们在教学实践中所追求的远远超越了应试这一目标。几乎所有的教师都积极培养学生对语文学习的终身兴趣。例如区老师、吴老师、马老师强调学生对中国文化内涵的学习，以及发展学生的批判性思维。同时，卓越教师还开展丰富多彩的课外阅读活动，如鲍老师举办书展，带领学生实地考察；马老师开展名著专题讲座等，营造了良好的阅读氛围，积极发展学生的学习兴趣。

第四节　讨　论

本研究探究了促进粤港卓越教师专业发展的关键因素，研究结果也支持了中西方的相关研究成果，为我国卓越教师的培养提供了重要的启示。

一、注重自我导向的学习，加强学科专业知识基础

卓越教师自我导向的学习经历，使其掌握了大量的专业知识与学科教学法知识，促进了教师的专业发展，为其实现卓越教学奠定了坚实的学科知识基础。研究者发现，卓越教师自身学习中文的经历也是影响其教学的重要因素之一。无论是广东还是香港的卓越教师，都从幼时开始就非常热爱阅读，使其在教学中重视学生阅读的感受，并提倡学生进行大量的课外自主阅读。

国内外学界的相关研究，也显示了卓越教师的自主学习对其专业发展的重要作用。徐碧美指出，教师的学术背景对其教与学的理念会产生一定影响①。而且，卓越教师攻读硕士学位、自愿参与教学实验可以促进其将教育理论与实践完美结合②。专业书籍阅读、自身的教学经验与反思是发展语文教学知识有效的途径。③ 内地特级教师的专业发展过程也体现了这些特点。例如，钱梦龙回忆自己学习语文与语文教学的经历，包括在学习语文的过程中受到小学老师的影响，开始热爱语文；当了语文老师之后积极阅读教育书籍，在教学实践中不断尝试与探究④。于漪也谈到自己在教学成长的过程中，不断学习教学理论，更新教育观念，努力变革教学方法。

综上所述，卓越教师在成长的过程中需要通过自我导向的学习途径来丰富学科知识，理解与把握教育教学的真谛，及时更新教学观念，并不断反思教学过程，为开展新的教学实践奠定良好的理论知识基础。

二、在专家引领下积极参与教学研究与教学实验

卓越教师接受专家引领，在专家的指导下改进教学质量，开展教

---

① 徐碧美. 追求卓越：教师专业发展案例研究 ［M］. 陈静，李忠如，译. 北京：人民教育出版社，2003.

② 杨翠蓉. 教师专业发展：专长的视野 ［M］. 北京：教育科学出版社，2009.

③ 朱晓民. 语文教师教学知识发展研究 ［M］. 北京：教育科学出版社，2010.

④ 钱梦龙. 导读的艺术 ［M］. 北京：人民教育出版社，1995.

学实验，对卓越教师走向成功教学起着关键作用。本研究发现，专家引领主要包含两方面：一是其他卓越教师进行的教学实践方面的指导；二是大学教授在教学理论与创新性教学实践方面的指导。

卓越教师通过观摩其他卓越教师的教学、师徒结对（徒弟听师父的课，师父听徒弟的课）、教研组集体备课、公开课活动以及专家点评等多种形式，获得了具体的教学经验，其教学技能得到了显著的提升。此研究结果也给中西方其他相关的研究发现提供了参考。①②③ 还有学者强调，公开课教学的成功往往使教师体会到"一举成名"的喜悦，争取到更多的专业发展资源④。海外学者图西（Tusi）和王（Wong）认为中国教师的专业发展，是一种以实践为基础的模式（Enactment-based Model）⑤。教师通过本校备课组或区域的观课、评课，与同事、师父或专家探讨教学内容与教学策略，以丰富自身的专业知识与教学法知识。其中，专家引领起着十分重要的作用，他们研究课堂教学，并指导同事或年轻教师处理课堂教学问题，反思自己的教学，帮助他们达成自己的教学目标，并将教学理论与实践结合在一起。

从研究结果来看，香港卓越教师大多都参与了当地大学的研究项目，受到大学专家的指导，进而改进了教学方式，提升了学生的语文能力。有学者指出，以研究为基础的教学实践（Research-based Practice），即教师在他人建议下实施新的教学实践，对教师的专业发展是非常关键的。如果将教学实践与理论联系在一起，有助于教师改变其教学活动⑥。教师与大学研究者紧密合作，可以促进教师的反思，并实施新的教学方法。

---

① 朱晓民. 语文教师教学知识发展研究［M］. 北京：教育科学出版社，2010.

② 杨翠蓉. 教师专业发展：专长的视野［M］. 北京：教学科学出版社，2009.

③ 赵冬臣，马云鹏，韩继伟，等. 中学语文教师专业知识来源调查与分析［J］. 教师教育研究，2009（6）：65－70.

④ 胡定荣. 影响优秀教师成长的因素——对特级教师人生经历的样本分析［J］. 教师教育研究，2006（4）：65－70.

⑤ CHAN C K K, RAO N. Revisiting the Chinese learner: changing contexts, changing education［M］. Hong Kong: The University of Hong Kong, 2009.

⑥ RICHARDS V. Significant and worthwhile change in teaching practice［J］. Educational researcher, 1990（19）：10－18.

三、在教学实践中反思，在反思中改进教学工作

本研究中的卓越教师在自身的学习环境、工作环境与亲身参加的专业培训中所获得的新的知识，影响着原有的教学观或形成了新的教学观。同时，在新的教学观念的指导下，他们开始实施新的阅读教学实践，随后积极反思自己的教学成效（反思过程中也受到自身观念的影响），最后又形成新的教学观念，决定了今后的教学实践。其中教师对教学成效（学生的学习表现）的反思是促进教师观念改变的重要因素①。他们一方面将实践经验上升到理论知识，获得自身对实践的"新知"；另一方面，又将学习到的理论知识运用到教学实践中，将理论"实践化"，最终达到"实践知识理论化"与"理论知识实践化"的互动，以实现其卓越教学。

本研究也支持了强生等人提出的理论，以维果斯基的社会文化理论为基础，从社会文化、内化与转变、最近发展区三个视角分析教师的学习过程。卓越教师在自己的学习环境、工作环境与专业培训等各种环境中塑造自己的教学模式。他们从各自所在的环境，从大学专家、同事、卓越教师中得到支持，建造自己的最近发展区，作为自我调节的中介方式。他们利用不同的社会资源，在行动中发展自己的教学观念，或转变教学实践方式。这些资源形成了一种外在环境，促使卓越教师完成教学观念的内在转变②。本研究中卓越教师的教学观念与教学实践的过程，也反映了教师在社会情景中具备的知识或观念、思考与学习的能力，构成了"情景中学习"。

因此，在专业发展过程中，年轻教师与经验教师都需要保持开放的心态，积极运用各种有利资源，学习新的教学理念与教学实践，对其原有的教学理念和教学方式进行反思，勇于探索新的教学实践，以提升教学能力。

---

① CLARK D, HOLLINGSWORTH H. Elaborating a model of teacher professional growth [J]. Teaching and teacher education, 2002 (18): 947 – 967.

② JOHNSON K E, GOLOMBEK P R. "Seeing" teacher learning [J]. TSEOL quarterly, 2003 (4): 729 – 737.

四、塑造有利于教师专业发展的学校共同体环境

学校环境与文化对教师的教学发展十分重要①，如学校的政策、校本课程文化和班级等。本研究中的卓越教师也是在学校学习共同体环境的支持下实现自身的专业发展的。主要有两方面：一方面，他们在学校社群中实现专业发展；另一方面，他们作为副校长、教研主任、科主任，不断尝试新的教学方法，带领语文教师继承本校的语文学习文化与传统，最终促成了学生学习的提升与教师专业团队的长足发展。正如舒尔曼所强调的那样，教师与学校共同体的发展是互相影响的，学校的课程发展与教学形式影响了教师的教学观念与实践；教师自身的教学也可能会为学校带来新的变化。②

由此，我们获得的启示是，卓越教师的专业发展离不开学校环境的支持，包括各种有利于教师专业素质提升的培训项目、师徒结对的政策、学校对教师实施教学实验的支持等。因而，作为培养卓越教师的主体——政府、教育局与中小学校需要为教师的专业发展提供政策与经费的支持，形成"支架式的帮助"。③加强中小学教师与大学"校校合作"，为教师提供更多的机会学习先进的教学理念，并大力鼓励教师勇于实施教学实验与创新，为教师提供各种有针对性的培训项目。同时，学校更应鼓励教师继续深造，加强理论知识的学习；提供更多的机会将教师派往国内外教育先进地区进行学习与交流；加强区域交流，激励卓越教师发挥辐射作用，带领更多的年轻教师与经验教师成长，最终促进整个区域教学团队的快速成长。

五、小结

在本章，研究者基于卓越教师专业发展的相关研究，深入探究了

---

① FREEMAN D, JOHNSON K E. Reconceptualizing the knowledge – base of language teacher education [J]. TESOL quarterly, 1998 (3): 397 –417.

② SHULMAN L S, Shulman J H. How and what teachers learn: a shifting perspective [J]. Curriculum studies, 2004 (2): 257 –271.

③ 陈向明. 从教师"专业发展"到教师"专业学习" [J]. 教育发展研究, 2003 (8): 1 –7.

影响粤港卓越教师专业发展各种因素，如个人、学习共同体、社会等。其中，个人因素包括教师的求学经历、广泛阅读文学作品与教育类书籍、自身学习语文的经历、反思探索新的教学实践等。学习共同体因素包括专家引领、参与教师专业培训项目、学校环境等。社会因素包括语文考试评估等。此研究为我们探索培养卓越教师的有效途径提供了有益的借鉴。教师在专业发展中需要注重自我导向的学习，以加强学科专业知识基础；在专家引领下积极参与教学研究与教学实验，并在教学实践中反思，进而改进教学工作。此外，塑造有利于教师专业发展的学校共同体环境也是一个极为重要的举措。

附录一

余老师访谈录

一、关于个人成长

研究者：请您谈谈从小学到大学的学习经历。

余老师：我是在饶平上的小学，当时的学习小组由各个村的几个同龄小孩组成，晚上轮流去小组成员家学习。我当时是学习小组的组长，就去别人家听写、默写、背诵。每次去别人家时，都由那家的哥哥姐姐给我们听写，不懂的就互相问。我们学习小组的同学一起上学，一起回家，晚上再一起学习，这样就形成了一种真正的学习氛围。我觉得小学那几年学得轻松又开心。放学后老师只要求我们回去做作业，大家在一起，很快就做完了，再一起出去玩。到了小学四年级，我转校了，但这种学习方式仍存在。主要通过学生自由报名来组成学习小组，下午放学之后到别人家做作业，小组成员一起完成。

初中时，我的语文成绩一直是第一，如果满分是 70 分，我一般会得 69 分；如果满分是 60 分，我一般会得 59 分。扣的 1 分通常是错别字或者作文。

研究者：您的语文成绩为什么这么好？

余老师：阅读啊。小学二年级时，我们少先队的老师是一位年轻人，组织了一个少先队读书会。他的思想很先进，还给我们提供少儿读物，我从那时起看连环画都会去读底下的字。到了小学三年级，我已经看完了《东周列国志》。当时也没有什么书，我拿到什么就看什么。还有一本就是《水浒传》，我常把书里的情节讲给同龄的和比自己小的孩子听。后来我还看了《聊斋志异》和《三国演义》。"文革"末期，市面上流传很多手抄本，我也会去看。当时流行我抄了你看，你抄了我看。手抄本看多了，在传抄的过程中，我就记住了故事情节，而且记得很牢。读初中时，我看"伤痕文学"的相关作品。当时我姐夫看，我就跟着看。后来我看香港的武侠小说，比如梁羽生、古龙的作品。《萍踪侠影》是梁羽生写得最好的一部武侠小说，我看得非常细致，金庸的作品我也看了。

研究者：后来呢？

余老师：后来我引导我堂妹读书的时候，就跟她讲，你看武侠小说的时候，着重注意描写方式，你就会看得非常好。

上了高中，我的语文成绩还是很好，初中在重点班，高中没有重点班。读高一时，父亲说不读书了，叫我出来干活，说读书也没有什么用，但我潜意识里是喜欢读书的。我伯父说我不是干活的料，还是读书吧，于是我继续读了高中。后来高中学制改革，直到1984年我才高中毕业。高考分数差重点线三分，我填报了湖北财经学院，因为没被录取，就从本科降到了专科。后来，我去了潮州韩山师范专科学校，即现在的韩山师范学院，读了三年中文专业。1990年，我又到广东省教育学院读本科，学的是汉语言文学专业。研究生班读的是佛山科技技术学院与华南师范大学教科所合办的研究生课程班，选的是语文教育研究专业，上了两年。专业课有六门，暑假或节假日时上课。

研究者：请您谈谈大学教育对您现在阅读教学的影响。

余老师：专科时我经常去图书馆读书，书读得很杂，完全是根据兴趣来的。专业的书读了一些，但真正对我后来做老师有影响的还是那些自己感兴趣的书。当时很流行中国哲学、文艺理论，而我读中国古典哲学就是为了理解古典诗词，最早读的是《从孔子夫到孙中山——中国哲学小史》。凡是读中文系的人，我都介绍他们去看这本书。这本书把中国古典哲学思想讲得清楚且简明。后来我就去找哲学系的同学借《中国古代哲学史》，几本书都看完了，我觉得这些书对理解古代诗词特别有用。

专科毕业时，我最留恋的是图书馆。我每次借六七本书，还做笔记。虽然当年没有考上研究生，但就阅读量而言，我确实达到本科水平了。我做摘录这个习惯，类似研究生所做的研究综述，这是我到后来才知道的。我除了写摘要，还进行观点的归纳和整理，这让我清楚书中的观点、支撑的分论点，还有作者在这篇文章或作品中观点的总述。所以当时我的专业课考得非常好。我后来指导学生阅读时也告诉他们，一定要写摘要。不仅要写读后感，摘要也很重要。摘要对理解文本的内容非常重要。我要求学生写规范的读书笔记，就是前面有摘要，后面有感受。写摘要和综述，是为了弄清楚作者的观点。我觉得学生一定要写读后感，如果没有读后感，读了之后就记不住，也没有自己的理解。在语文学习中最怕就是学生没有自己的理解。

研究者：请您谈谈自己语文教学的经历。

余老师：1987 年专科毕业后，我去了华侨中学，教高一。1988—1990 年，我在联饶中学教初中。1990—1992 年我就去读本科了。1992 年我来到南海，因为家乡的老师已经满员了，但这里的学校很缺老师。1992—1994 年，我在金沙镇罗行中学教书，那是南海西部的一所初中。任教期间我做得最好的一件事可能就是让学生写周记，要求学生把一周的经历有感情地写出来。当时我就是根据这个经验来写论文、评职称的。2001 年，我凭借两篇论文评上了高级职称。1997 年我就来到了现在的单位工作。

研究者：以往的教学经历对现在有什么影响？

余老师：正因为教过初中，所以我知道孩子们心里是怎么想的，他们是怎么阅读文章的。现在有些老师直接教高中，他们不知道初中生是怎么想的。阅读教学一定要先了解学生的兴趣点。我认为现在的家长带孩子去买书，应该是孩子喜欢读什么就买什么。你不要考虑有用没用，要先考虑孩子有没有兴趣。读完了，有兴趣了，你再进行引导，如果连读书的习惯都没有，哪里谈得上有用没用。从兴趣切入，养成读书的习惯。初中的学生喜欢读感性的东西，比如朱自清的

《春》，读起来朗朗上口，他们绝对感兴趣。

二、关于语文教学

研究者：您认为语文阅读教学的目标是什么？

余老师：理想中的阅读教学目标，是培养学生的阅读能力，就是核心能力。阅读教学的方式和过程就是为了帮助学生形成阅读所需要的核心能力。归纳、整合、鉴赏，这些基本的核心能力，要通过阅读运用。

我了解到，美国小学生写论文都是写"二战"对美国的影响等，这么大的课题都是叫学生去做。美国老师不在乎学生做得怎么样，而是在乎学生学会做论文的过程。我读李开复的一本书，书中讲到他中学时开始搞产品的开发、组建和销售。让我想到美国学生在小学二三年级开始卖糖果，卖的钱和同学一起大吃一餐。又如募捐活动，两个小学生去擦鞋，赚到的钱都捐款了。他们不在乎募捐了多少，而是在乎这个过程。我们对阅读教学的理解也必须做到这样，在教学过程中必须培养这项能力，这才是最重要的。

现在的阅读教学看重的不是学生对文章的理解，看重的是结果。北京大学教授曹文轩，他当时批判教学模式只是为了把学生培养成为听话的人，从作者的角度理解文章。而我们的阅读教学应该培养学生养成正确的阅读方法。我们为什么要阅读？就是要形成知识储备，形成认识。我们的语文阅读教学实际上有两个目的，一个是能力，另一个是学识，这是我归纳出来的。有些储备是通过阅读慢慢积累的，它们会成为学生处理事情的知识储备。

研究者：请您谈谈关于小组合作学习前培训学生的情况。

余老师：这个培训只是和学生讲明学习语文需要培养什么能力，以及目标是什么。因为学生关心的始终是考试，教师要让学生知道所要开展的教学活动对他们的学习是有用的。所以要和学生讲，现在高考语文是考哪些能力，这些能力是如何训练的，原来的做法存在的不足点是什么。

高考语文阅读题的第一道就是筛选信息题，考查归纳的能力。我要求他们去做摘抄。学生写摘要、做摘抄的过程中，就已经做了归纳的练习。再要会倾听，学生在听的时候，实际上也在进行信息筛选和归纳。仅仅看还不够，我觉得归纳能力是在这两个活动中培养出来的。如果你能够把一篇文章的要点归纳出来，归纳一个文段的要点就更简单了。而且听写能力很强的人，在听的时候就把主要信息筛选出来了。所以我觉得在这点上，比做 100 套题的效果还好。全班、小组、师生之间的交流实际上都是在训练听的能力。

研究者：您是如何引导学生在自学过程中进行提问的呢？

余老师：从问题中鼓励他。一开始是很难的。我从古文教学中就开始进行尝试，我一开始告诉学生说，什么是难的？只要你不懂的就是难的。结果对他们来说什么都是难的。显然这条思路是行不通的，这样没法上课，几乎每个词都有学生有问题。我就跟他们说，问题提出来以后，在你的学习小组里先用排除法排除一些看起来不重要的问题。一开始就是这样，不容易。这是第一点。

第二点是还要鼓励他们。无论他们提了一个多么简单的问题，老师都不能将这种想法表现出来。所以在他们发言、提问的时候，老师要给予鼓励，因为学生本来就害怕。为什么老师提的问题他不敢去解决，就是因为害怕。他自己的问题很积极地去解决，因为他不害怕。老师在鼓励的时候也需要有一个引导，当学生提出一个好问题时，我会鼓励，并指出好在哪里。

等收齐全班所有的问题后，我先进行筛选。有些重复的、太简单的问题，我就不回答了。有些好的问题，我会告诉他们这个问题可以训练哪种能力。然后再把答题要点慢慢地列出来，让他们明白做这道题之前首先要做什么事，把思维要点列出来。有些问题看起来很简单，但是必须筛选归纳，归纳之后还要有提炼，必须讲出自己的见解。学生提出来的大问题，都是探究性的问题，这必须在归纳后形成自己的观点。

研究者：您如何看待学生在小组合作学习中汇报的过程？

余老师：分享是学习的重要过程。学生可以在小组汇报分享中获得成就感。因为要分享，所以要总结。学会总结，是我培养学生能力的一个目标。在分享的过程中，他们发现自己想的问题和别人想的问题有时候会重复，这是学习的共性。学生在学习的过程中发现问题，小组之间可以互相解答，或者有新的补充。通过小组汇报分享，创设分享的氛围，在这种氛围中，学生也容易发现新的问题。

我现在的语文阅读教学没有留问题给学生，也没有教案，只有学生提问、解答与汇报分享等几个环节。我需要抓学生提问中的价值，引导其往某个方面去思考。问题是学生自己的问题，心态是不一样的，从而解决了文章的难点、重点。

在小组讨论中，学生提出的问题有时候可以在内部解决。刚才说到我读小学时就有课外小组合作的学习方式。我自己的感受是小组合作效果很好，很轻松、很愉快地完成了学习任务，最后由小组长来检查。我后来在书上看到的，这种合作学习对于激发思维也很有效。

现在大多数老师的课堂教学也有小组讨论环节，但这是老师的提问。我现在要做的是学生提问、学生讨论，因为只有这样才是真正的讨论。我看到有关美国教育方面的书，探讨的一些问题都是很大的，他们不在乎学生解决的结果，而在乎学生学习的过程。美国学生在完成大题目的作业时都很仔细，论文的要素都有。这给了我很大的启示，我们总是找一个固定答案，这是不可取的，能力才是最主要的。学生会提问就会思考，学生参与到讨论之中，说明他们也会思考。然后轮流代表小组去总结、归纳，表达能力在这个过程中就自然提高了，心情也会愉快，学生自己也感受到了这种方式的作用。以往的教学打着"培养能力"的旗号，做的实际只是传授知识。比如说，我们要求学生理解一篇文章，大家的理解一致且准确，这是没有道理的。

阅读是一种需要，对学生来说，不仅是考试的需要，还是一种精神的需要，即解决人生疑惑的需要。现实中的教学都是出于考试需要，学生平时也是解决考试的需要。考试的需要使语文的阅读没有"味道"。我现在要解决的是在非考试的情况下，学生能主动阅读。如果用考试的要求让学生去读，学生就会读得很苦，对语文就不感兴趣。如果我们换成另外一种需要，学生就会很自觉地去读。为什么学生对打游戏有兴趣呢？就是因为有需要。我以后要做的是对学生阅读的创设和引导，这才是重要的。

研究者：您平时一般采用哪些语文教学的评估方法？哪些方法对提升不同语文能力的学生最有效？

余老师：我现在的这种方式，把大部分的课堂时间都给了他们。课堂 40 分钟，可以让我支配的时间，可能 15 分钟都不到。我用得最多的方式是通过学生的读书体会来评估他们的语文水平、潜力，以及在某些方面的特长，有些学生已经表现出来了。读书体会写得不好，语文素养也不会很高。此外，还有周测、考试，以及课堂上的发言这三个途径。

三、关于专业发展

研究者：是什么促使您实施小组合作学习这种教学方式？

余老师：小学时候的合作学习经历、美国教育书籍的影响、教学目标（包括阅读兴趣、能力等），以及去英国参加培训的经历都坚定了我使用这种方式。

在上海参加的新课程培训打开了我的思路，那个时候我已经开始组织文言文小组合作学习了。新课程理念，我们 2001 年就开始接触了，在英国的短暂培训，让我明白培训的老师为什么会提出核心技能，或是提出基本技能的培养。

我是带着目的去的英国，即弄清基本技能到底是怎么落实的。例如他们的英语课，包括阅读、运用、汇报的过程，也有对概念的测试。这是第一次，我当时听了非常兴奋。我觉得这正是自己想做的事情。合作学习只是一种形式，我培养的是学生的核心能力。英国培训给我最大的影响，就是让我知道教育应该抓住核心能力去培养。合作学习对促进学生核心能力的提升非常有效。一开始，我不知道怎么去培养，后来我在英国看到了实例。

有些学生喜欢合作学习，因为他们觉得在汇报的时候，老师的解答很自然地就把他的思路打开了。从重视结果到重视过程，是我从英国之行所学的，我自己思考了很多年，但这个问题一直没有得到解决。虽然我也做了实验，更多的是自发的，而不是自觉，英国的这次培训让我做到了自觉。曾有位老师和我交谈，认为我去英国培训回来后有天翻地覆的变化，他非常赞赏。

马老师访谈录

一、关于个人成长

研究者：请您谈谈自己的学习经历。有没有哪位老师对您的语文学习与语文教学影响很大？

马老师：小的时候，没有什么书可以读，中师阶段我读的书比较多。后面读大专到读本科，我不断加大阅读量。学习是慢慢阅读的过程，很多东西，包括一些经典的、时尚的，都要去了解。读书是不能间断的。初中毕业后读中师，中师与大专都是在家乡读的。中师是全面的，不分专业。大专是进修的，基本上是脱产读，读了三年。1995—1999 年，自考上本科，在中山大学读汉语言文学专业。1995—1997 年，在华南师范大学读中文教育方面的研究生班。总结下来，大方向是汉语言文学，因为我很喜欢古代文学、现代文学。

读书期间我没有明显觉得哪位老师对我有深刻的影响。重要的是自己对这门学科有兴趣，以前的教学方法肯定比不上现在的，但老师们知识渊博，让人向往，促人成长。

二、关于语文教学

研究者：您认为语文教学目标是什么？

马老师：从老师教学的目的来看，最终目的是希望学生能够掌握知识点。老师的教是为了学生的学，这个肯定是最重要的，这本身就是教学的最终目标。老师关心的是学生能否真正实现自主学习，以及能否把阅读转化成一种能力，掌握更多的知识。

我个人希望把技术层面与精神文化层面结合起来。技术层面是从学生解决问题、学会做题来说的。我觉得语文课的目的肯定也不是只获得技术层面的东西，还有更深层次的，比如思想、精神方面。要不语文课也缺乏语文的味道了。方法是不难掌握的，但是孤立地讲，就很枯燥。两种结合的方式我觉得比较合适。

　　学生对文章的阅读，不是停留在浅层次的理解，而是对思想、内容的进一步挖掘。一堂语文课既是工具性的，也是人文性的，不能说只教一些基础的知识性东西，还有精神层面的内容值得探讨。例如，对《六一居士传》的教学中，使学生理解欧阳修的价值取向，这篇课文的学习重点就在这里，每篇文章的学习目标都不一样。

　　研究者：您如何理解语文的工具性与人文性？

　　马老师：工具性就是语言方面的，人文性就是文化层面的。知识的东西是学生要掌握的东西，能力就是学生掌握了一种方法、一种思维方式，能够灵活运用知识。教材只是一个例子，考试的时候也不考课内的，高考也是考课外的，写作也是这样。最关键的是，学生具备了阅读能力，掌握了阅读分析理解的思维方式方法之后，才能够阅读其他文章。这就是一种能力。知识就是老师教一次就会的东西。

　　研究者：请您谈谈《六一居士传》的教学反思。

　　马老师：对文言文的讲解与现代文有所不同，因为有些基础知识要落实，但也不能只讲文言知识而忽略内容。现在文言文教学有些不同的做法，根据学生的水平，因材施教将两者结合起来是最好的。有些比较有目的性，例如考试主要是对基础知识的考查，没有考对内容的理解，对阅读能力的要求也不是很高。学习重点主要是对基础知识的落实，如字词、句式、翻译，应对考试基本就没有问题了。但是这一块，现在的学生知识储备不够。现在的文言文教学只讲字词，其他内容都不讲，我觉得不太好，因为都是经典篇目，魅力还是非常大的。让学生感悟到作者深邃的思想、深厚的文化底蕴还是比较重要的。

　　我讲的这篇《六一居士传》重点是理解欧阳修人生追求的价值取向，体悟"六一"的乐趣，并以此为核心问题，探讨背后深层的原因。真正的目的，就是我上课时给出的那几个问题，它们就是这节课、这篇课文设计的大概思路。"六一"是指什么乐趣？作者的目的是什么？真正的原因是什么？作者为什么强烈要求退休？我们如何评判这种价值取向？这是一堂课大致的设计。在分析的过程中，老师既把文言知识落实，又帮助学生理解内容，两者不是割裂来讲的。

　　高考语文对阅读能力的要求不是很高，考查重点主要停留在对基础文言知识的掌握程度。但这一块学生还需要加强，他们初中接触的都是课内的文言文，落得很实，但到了高中，考试基本上都考课外的内容。若学生不会变通，没有掌握文言文的学习方法，对语法的东西一窍不通，就会学得很累。若学生的文言知识很差，老师不讲这些是肯定不行的，学生考试就会很差，因为考试重在考查基础的文言知识。所以这就导致我们教学跟着考试这个标杆走，这也是没有办法的事情。

　　研究者：您觉得在《囚绿记》的课堂教学中学生表现得如何？

　　马老师：不错。学生对问题的理解还是比较到位的，基本上可以跟着老师的思路走。学生答错了也没有关系，关键是能够跟着去思考，这是最重要的。答错了，可以修正，这个修正的过程就是不断加深思考的过程。学生提出"作者为什么释绿"就很好。他不提出这个问题，老师就直接讲了；他提出了这个问题，通过老师的引导就解读得更深一点了。我上课是比较随机的，不是说设计好什么程序，而是根据学生提出的问题进行引导，这是比较重要的。

　　无论是什么课，最好的是与学生对话，这是比较融洽的部分。任何课堂都是这样。学生反应得过来，还可以深入地交流下去，是老师感觉最舒服、最自如的时刻。我觉得最好的课堂是，有些问题在与学生的对话中解决了，对方理解了，我觉得就可以了。

　　研究者：您平时有没有对学生的学法进行指导？

　　马老师：有些是技术层面的方法，如怎么去抓中心句，怎么联系上下文去理解，怎么理解文章的中心，如何分析结构等。更重要的方法是，学生在老师的讲解中，潜移默化地熟悉阅读的整个步骤，进行由浅入深的理解。

　　从整个课堂的思路来说，引导学生由浅入深的理解，基本上是一种熏陶。以我刚刚上过的《棋王》为例，整节课的核心问题是"主人公为什么被称为'棋王'"。学生初读这篇文章觉得"棋王"很厉害，

"棋王"的形象和他具备的特质和特征，学生是可以通过具体的形象描写来理解的，这个归纳是不难的。但仅仅解读到这个层面，就没有真正把握文章的精髓和主旨。

围绕这个大问题，我首先设计一个问题："你眼中的'棋王'是一个怎样的形象？"学生通过对课本的理解去讨论、分析他是怎样成为"棋王"的。还有更深入的问题——通过同行的评价、冠军老者的评价，应如何看待"棋王"？这个问题就更难一点了。实际上是上升到一个更高的高度了，最后提到"我"从"棋王"身上感悟到了什么，这个就是这篇文章真正要传达的主旨："平凡人生，每个人都坚持自我追求。"通过对主要问题的深层分析，可知"棋王"不光是棋艺高超的王者，更是精神世界的王者，是自我精神世界的主宰，是一种独立的个人追求。学生就这一点有什么样的感悟，值得讨论。在阅读方面，层层深入地对文本展开解读，这是老师的一种渗透，不是专门讲一种方法。

课堂效果不是老师能事先预料的，而是课堂中带来惊喜的东西。做好课堂设计，这个是比较程式化的。但是可能出现老师灵感的激发，还有学生的一些局限性，这些都不是老师备课可以备得了的。学生的回答，可能是他对某些东西解读出来的答案，有时会好得让人出乎意料，老师再进行引导。在引导的时候，学生的理解就会更深入一点。如果学生都没有提到这一点，老师直接讲的话，效果就大不相同了，好像就没有什么意义，比较苍白，因为这是你教给他的。但是如果是学生自己想到的，老师再去引导，效果就不一样。一下子就达到了一个小高潮，这是学生领悟的效果。

研究者： 您平时采用什么方法来评估学生的阅读？

马老师： 检测、评比、读书笔记等。激发他们去读的话，有一定的监控与促进的手段。课外阅读肯定是，如有好的作品，互相分享，交流一下。在不影响教学进度的前提下，以前安排过有关《红楼梦》的讲座，全年级的老师轮流讲，一周一次。只有部分尖子生参与讲座，不是全年级的学生都参与。每个老师讲一两个专题，一学期一次。我讲过"探春命名的艺术"，这个比较难。通过这样的讲座，学生有兴趣读《红楼梦》了，就会读得更深一点了。

我们备课组老师选定的，也都是教材推荐的篇目。这个只有教材规定的篇目才能统一，其他的不可能统一，每个人也不一样，只能通过读书笔记来检测了。现在到了高二，考虑到写议论文，我就推荐龙应台的著作。我看见不少学生读，比如我看见有学生在读她的《目送》《亲爱的安德烈》，这些我们也推荐。这学期我们给学生推荐了一两本散文书，全班传看。我们现在只有四节语文课，讲课时间挺紧的。周五是阅读课，周六是影视课。我们给学生提供了一个书目单，让他们去买，自己读。书目单上列有100本书，在这个范围内，每个同学挑两本，这样就比较丰富了。我们还订了一些报纸、每个星期出的《文摘》，学生能看的东西挺多的。但是学生看书的时间很少，晚自习有很多作业要做，只有利用阅读课、晚读的一点时间才可以看。现在年级组管得很严，各科作业确实很多。

这个阅读课，我们学校开得很早。学生可以在阅读课时去图书馆看书，但图书馆新书上架不及时，且图书有限。好多学生一去便翻杂志，看得没有什么用，只是觉得好玩。于是我开始采取一些措施来检测学生的阅读效果。我觉得跟学生规定书目，对其进行监控与检测，可以督促他们有针对性地阅读一些内容，而不是消遣时间。

三、关于专业发展

研究者：您认为影响语文教学的因素有哪些？

马老师：学生的因素我觉得是比较重要的。如果学生基础比较差，那么教学质量、深度以及整个课堂的对话交流，会与预想的目标差距比较大，很难有更深层次的交流，或者说是期待中的对话。学生的差距是影响最大的，其他的倒不是最关键的因素。

个人的影响比较小，学校的影响不大，语文考试也是考课外的阅读内容。老师在课堂上怎么教，还是受学生的影响。培养学生的能力，老师教哪一篇文章这个问题倒不大。教材的作用也不是很大，要突破教材，自己去选，都没有问题，这不是最重要的因素。考试考文言文会有一定的影响，现代文则影响不大。高一、高二时学生已经具备了一定的能力，到了高三老师再讲一些应试的方法，做题的技巧，学生的成绩就很容易上去。学生的问题不是不规范，不是掌握不了方法，而是读不懂。这个应该在高一、高二打好基础，读的书越多，接触到的东西越多，理解能力肯定会越强。

研究者：请您谈谈考试对语文教学的影响。

马老师：喜欢读书的人会有自己的思想，一个人有独立的思想还是很重要的。对一些问题有自己的看法与思考，他的综合素质、素养都会提高很多。阅读与高考也有关系，高考语文看重学生的写作与阅读能力，教学完全脱离考试是不可取的。150 分满分中作文也占 60 分，作文写得好的尖子生，是有一定思想的。这个不是你读哪本书或读哪几篇文章就可以做到的，而是需要不断积累，厚积薄发，读得多了，写出来的东西自然就有分量。因为最后检验的就是这个，肯定需要有大量的积累。从考试的角度来说，阅读肯定是很重要的，但是从更长远的角度来说，阅读对个人的发展也是很重要的，两者都有。阅读使人快乐，这个是有心理感受的，现在我自己读书，不是为了考试，而是一种需要，精神上的需要。

研究者：您认为影响自己专业成长的最重要的因素是什么？

马老师：一个是自己在教学中碰到的一些问题，或者困惑。我订了一些教学杂志，从中了解名家的观点、教学改革的方向等。再一个就是通过继续教育，观摩一些名家的课。以前刚参加工作的时候，我看到人家怎么教，我就怎么教，没有自己的想法。后来就开始怀疑这些做法，觉得刻板，逐渐有些方向性的东西出来，以前有些东西也就慢慢改变了。

研究者：您认为影响新手老师成长的最关键的因素是什么？

马老师：引路人，有一个引导的老师是比较重要的。自己肯钻研，虚心学习，如果能遇到很好的前辈和引导的老师，就会少走很多弯路。我刚来这个学校的时候，科组长就是特级教师。他对我的影响、帮助很大。科组长对我要求很严格，指导很细致，在教学基本功、课堂驾驭力、教法等方面给我提出了很多建设性意见。但很多东西是要自己悟的，老师也不可能天天带着你。

一个学期开设一门公开课，得到前辈们的认真指导，自己领悟到了一些东西后，就有变化了。以前每年都要上公开课，现在很多年轻老师不愿意上公开课，久而久之，他就不知道如何上了，他不知道一堂好课该怎么上了，没有很清楚的目标。以前上公开课，可以得到很细致、很全面的指导，然后自己再去领悟，进步就比较大了。

研究者：您有一篇反思中写到"阅读实践证明，学生根据自己的经验来感知文本……"，这是您通过自己的教学实践证明的吗？

马老师：这肯定有自己的，也有别人的。别人这样说，我自己也有这样的体会，也是认同的，不过更多的是有自己的体验。这样的反思对自己的要求高一点，因为反思不仅仅是对课堂教学本身。如果仅仅是反思课堂教学本身就比较容易写，但是写专业的东西、更深层的理解，要求就更高。如果能认真地对待这个反思，应该是很有用的。如果每堂课之后都进行一个高质量的反思，做一个提炼，将是一个很有质量的东西。以课本为例，从课文本身反思出来的是理论性的、更高层次的东西。如果经常写反思，对自己是很有帮助的。但是一般是比较难的，有任务就会被逼着去做。

研究者：请您谈谈从参与的专业培训中获得的启示。

马老师：这次省级骨干教师培训的效果是不错的。参加的老师首先必须是区级骨干教师。我们区只有两个语文老师参加了培训，每个学校要推荐一个，推荐了再去评。出去与其他老师交流一下，有一年的时间。这次是跟岗学习部分，之前有理论培训，最后还有总结。跟岗学习包括听课、汇报等几个部分。华南师范大学附属中学有一个名师工作室，这个工作室有好几位老师，一个老师跟 20 天。其实，华南师范大学附属中学也挺注重教学的落实，老师很注重课堂上对学生阅读能力的培养。老师引导学生，培养他们的阅读能力，不是纯粹搞一种新的形式，而是十分强调学生对文本的分析解读，这是最重要的。有些东西是越来越清晰，越来越坚定的。现在推行新课标，走入了一个误区，以为新的东西、新的形式就是好的，其实不然。我们参加培训听过一些讲座，包括省教研员讲的那些，也非常强调学生对文本的解读。但有些教法架空文本，没有多大的价值。之前，大家很盲目地追求一些新形式，现在慢慢回归为最本质的东西。

以前强调老师个人的表现与发挥，现在的课堂非常讲究学生的发展。从一堂课的效果来说，学生的能力有没有得到提高，有没有收获，这个是最重要的。以前老师讲得多一点，现在老师只是起一个引导的作用。关键是培养学生，给学生机会，尽量让学生多说点。同样一个目标，对基础好的学生要求高一点，基础稍差的学生达到中等层次就可以了。基础差一点的学生不是完全不能达到高层次的，关键在于老师怎么引导了，效果有点区别是无法避免的。有的学生说得多，老师引导可能就深一点。有的学生说得少，你再点拨，中间交流的时候讲的东西可能少一些，是有这个区别。有些东西你肯定会讲到，但是到底讲多少，你不会全部教给他。现在的资料很多，把答案打印出来即可，但是学生不理解，再多的答案也没用。基础好的学生在交流的过程中，生发出来的一些东西是老师预料不到的，这个才是最重要的。基础好的学生与基础差的学生差别就在这里。基础差的学生想不到这么远，想不到那么深，说得没有那么多、那么丰富，课堂的效果就差一点。这个是正常的，所以基础好的学生对老师的要求也更高。

这才是老师最重要的课堂艺术，教学能力就体现在这个方面，而不是老师怎么备好一堂课，就把它按照程序教出来。我觉得最重要的、最能体现老师能力的就是其在课堂上对学生的回应，或者说有经验的老师与新手老师最大的区别也在这里。新手老师的课一般已经设计好了，一直把它讲下去，解释典型可能差一点。学生回答不了的，如何启发、引导这方面就显得弱一些。经验丰富的老师在这方面会好一点。从备课来说，有经验的老师与新手老师差得不远，现在的资源这么丰富，课件可以做得很漂亮。教学不是老师把一张张幻灯片上的内容教给学生，而是课堂中随机的那种师生对话。而这要靠老师长期积累，不断地充实，不断提升专业水平。

谢老师访谈录

一、关于个人成长

研究者：请您谈谈自己的学习经历。有没有哪些学习方法对您的语文学习影响较大？

谢老师：1980 年我读小学，在我家乡的谢边小学一直读到三年级。四年级时转到了南庄的龙津小学，龙津小学是当时比较好的学校，在我外婆家附近。在这里我遇到了一生中对我影响最大的一位语文老师——廖老师。

我记得我当时写作文写了两段就写不下去了。廖老师教了我一个方法，就是摘抄。那个时代，书很稀缺，能抓到什么书就读什么。四年级时我找了一本《林海雪原》来读，而且前面还有二十几页是被撕掉的。当时我只要找到有字的东西就如获至宝，读得很兴奋。到了五年级，男生开始给我"供应"武侠小说，每晚一套，三四本，必须看完。因为那时这种类型的书很稀缺，所以我们都是快速传看。我记得从五年级到初中这段时间，我就疯狂地看武侠小说、作文书，把能看的都看了，能找的都找了。

四年级下学期我的作文就是范文了。台湾的三毛在她的书中讲，她的老师都不看她的作文就直接让她把作文拿出来念。我看到这里的时候，觉得怎么这么像我呢？当时老师也说"把你的作文拿出来念一下"，总在课堂上念我的作文。我当时的作文本现在还保留在我的外婆家。我有时跟学生说，我找到自己小学四年级的作文本，有一篇写的野炊，写得可好了。以我现在作为高中老师的眼光来看，不管是描写方式还是情节方面，都是写得很漂亮的。

小学四五年级是我人生很关键的时期。在五年级的时候，我发表了一篇作文，在全国作文大赛中获奖，现在还保留着奖状。那篇文章写的是故乡的春夏秋冬，看起来没什么特别，我心里是怎么想的，就是怎么写。其中有一段描写树的文字是这样的："它的花是粉红粉白的，很碎的，一大束。春天的时候它会落，我们门口的小巷就落满了这种花瓣，很碎很小。早上扫地，地上会留下扫把的痕迹，扫也扫不干净。"长大后，我看到郁达夫写《故都的秋》，里面有一段写槐花、写扫把的痕迹，我这篇文章和他的很像。在廖老师的指导下，我从第二次考试就一直得第一了。所以上了中学，我的作文一直写得很好，这是我人生的转折点。

我觉得我语文成绩好，主要是因为我进行了大量的阅读。那时课本发下来，我从头到尾读，不到一个小时就全部看完了。我的语文一直学得很轻松，跟阅读量是有关系的。凡是语文学得好的，也许都有这种共同的经历——为了不让家长逮到，半夜躲到被窝里看书。我那时赶着一天看三本书，吃饭也看，到了晚上就在被窝里看，不知道读了多少书。所以我觉得语文好，其他科也不会差。四年级是我的一个转折点，从此以后，我的成绩就很好了。只要有字的就读，那时候所有的零花钱用来买书了。有一次，我去姨父家，他有些旧杂志，现已不记得名字了，其实是不适合我们小孩子看的杂志。我全部跟他要了，包括一本字典。那本字典还在我这里，就是《现代汉语词典》。那时候，有字的东西我都要。

后来上了高中，在高考前夕，我翻遍了资料，发现我不能报考汉语言文学类的专业，因为我读的是理科。我们那时候十个班，到了高二才开始分文理班。数学不好的同学，还有些目标明确的人才去文科班。我当时浑浑噩噩什么都不懂，老师也没有给建议。我数理化都很好，本来就是理科的学生，所以就没有去文科班。到了填志愿的时候才觉得好后悔，我能报的跟文学沾边的专业都没有。我忘记我第一志愿填的是什么了，是自动化还是电子系了。进大学的第一天我就想转系，但不知道怎么去做这个事情，我大一过得很颓废、迷茫。我住的宿舍旁边就是中文系的学生，一墙之隔，心向往之。那时候，我都是选中文系的选修课，比如唐宋诗词等。

1991—1995 年，我在中山大学化学系读书。毕业后，来到现在的单位工作，之后参加自考，后来参加研究生班，再后来就是考博士。

第一份工作是教语文，一年后做了会计，边工作边自考。1997—1998 年教化学，带了一届会考。1999—2000 年休产假，休完产假就开始正式教语文了。我花了四年时间，1996—2000 年从中文的专科考到本科，我的自考论文是中山大学的一位教授指导的，还拿了优秀。参加答辩时，我问导师，如果我考研的话是否困难。他说："也没有问题，有个快一点的、比较适合你的方法，就是读研究生班。"拿到的学位是一样的，这个是很好的主意。参加统考的话，我还要准备，不一定考得上，而且这个马上就可以报读了。因为是中山大学的第一届研究生班，录取的学生有武汉大学的，还有中山大学本校的，都是热爱语文的人。

2001—2002 年，我在中山大学正式上研究生班，都是在周末上课，请的是中文系的博导来授课。中山大学博导的课、现当代有名老师的课，我都听过。我的博士导师在改我的论文时，细到标点，但是他说我的论文是这么多学生中改得最轻松的一个，改动很少。因为我是理科生的思维，结构很严谨，只是深度不够。

二、关于语文教学

研究者：您觉得语文教学最重要的目标是什么？您理想中的阅读教学是怎样的？

谢老师：短期目标是我想通过我的努力提高学生的阅读能力与做题能力，帮助他们在高考中取得好的成绩。

长期目标是希望学生听了我的课，在我的指导下，从此能爱上语文，爱上文学。如果能够稍稍改变他们的人生，让他们生活得更好，就更好了。如果一个人热爱阅读，他的心思会变得比较细腻，看世界的角度就不一样了。他的情感就会更丰富，对这个世界就更热情。一个喜欢阅读的人肯定没有那种空虚感，生活会变充实，甚至改变人生，不单纯指人生观。我第一年教语文时，班上的一个男生和一个女生后来都考上了华南师范大学的中文系。那位女同学说，因为我教了她一年语文，她从此爱上了中文，然后选择了华南师范大学的中文系，以后要做一名语文老师。她说的时候非常真诚，我非常感动。

理想中的阅读教学是两者都有的。我常做的是第一个目标，但我平时上课、言行表现出来的是长期目标。我的行为是为第一个目标服务，而情感是为第二个目标服务。

研究者：您是如何激发学生学习语文的兴趣的？哪些语文活动是学生最喜欢的？

谢老师：言传身教。用自己的一言一行去感染学生，希望学生在我的影响下感受到阅读的美好，觉得阅读是一件充满乐趣的事情。如果感染不了的话，就理性一点去提醒他们，告诉他们好好阅读，高考的时候阅读题不能放弃。也可以谈谈阅读对人生的影响，告诉他们"阅读是和古今中外有大智慧的人对话"。

学生喜欢上影视课，有时视频节目出了状况，信号播不出来，我说"你们自习吧"，学生说"我们就想开着电视机"。我说"电视里面没有东西看"，他们说"我们听听雪花声也好"。我觉得他们的住校生活太枯燥了。如果我说我们这节课不上，看看《肖申克的救赎》，学生会非常高兴。以前也组织学生看过《贫民窟的百万富翁》，我说看完以后我们来说一下记叙方法是怎样的。

今年暑假，我在中山大学参加了一个诗词学习班，学习诗词创作。各地高校的老师来给我们上课，台湾成功大学的一位老师教我们吟唱，教我们怎么停顿、拖长、平上去入来读。这段视频被"超星数字图书馆"收录了，我就下载来放给学生，学生可高兴了。

研究者：请您谈谈对今天语文教学的反思。

谢老师：我今天在课堂上说了一句话，高考之后，把老师教的所有技巧全部忘记，记住一句话就可以了，"阅读是一辈子的事情"。现在面对高考也没有办法，我的这个角色是必须让他们的语文成绩上去，我觉得这违背了语文教学的本质。今天上的《远与近》本来是一篇阅读文本，下面有三道题，它是前几年广州一模试题中的。因为广州一模试题与高考试题比较接近，我们是比较重视的，所以会仔细地分析。如这三道题考查点在哪里；我们从文章的哪里去找；学生必须怎么回答才对评卷老师的"胃口"，才能拿高分……就讲这样的技巧，就是"戴着镣铐去跳舞"，它已经不再是文学阅读了，也不再是语文了，纯粹就是应试。

研究者："戴着镣铐去跳舞"的含义是？

谢老师：就是一种约束。约束就是带着自己的思路去阅读，阅读就不纯粹了，不是为了阅读而阅读，而是为了做题而阅读的。比如跳舞原本是一件愉快的事情，但是戴着枷锁，怎么可能得到跳舞的乐趣？怎么有学习语文的那种快乐？通过阅读，通过学习语文提高他们的语文素养。一个人真正的语文能力，是思考的能力，这才是语文学习的本质。

懂得阅读的人会在阅读的过程中反思。有个学生就回答得很好，他说阅读有三个层次，阅读文本、阅读作者、阅读自己。阅读的过程本身就是一个思考的过程、长智慧的过程、积累的过程。一个善于阅读的人，把别人的经历变成自己的经历，把别人的经验变成自己的经验，把别人的思想转变成自己的思想。我跟学生说阅读就两个目标，短期目标就是高考。你先高考，考好了，考到好的学校，才有更宽广的视野，这是短期的目标。长期的目标在这个过程中兼顾一下，把语文学习作为一辈子的事情。在我这里学到的不是机械的知识，而是一种观念、一种想法，还有就是对语文的热爱之情。

书籍是我们永远的朋友，智慧是可以从书籍中获得的。你不想变得愚笨，就要与书为友。我从小学起就是这样说，只不过我说得真诚一点。不可能一天都不读书，因为有部分同学读了高中就选了理科，不再读文学的东西了，甚至不看书了。后来选了理科的专业，就更不看书了，这是不对的。阅读应该成为一种习惯，成为生活的必需品。别的我无能为力，我只有不断地向学生强调要理解阅读的快乐、阅读的意义，然后把阅读养成习惯，用一辈子去读书。读书的人才不会空虚，才不会愚笨。

研究者：您经常采取哪些方法来教授语文知识？如何带领学生阅读？

谢老师：以学生自学和老师讲解为主，学生可以自己解决的就自行解决。学生有很多工具书和参考书，对于基本知识，他们可以进行查阅。我们还有《语文基础知识手册》，里面有对常规问题的归纳。还有一些深层次的辅导书，不同层次的学生会根据自身情况选择不同的参考书。可以自己解决的，自己课外学的，我们就鼓励他们自己学。还有一些是在课堂上或辅导时，给他们指导，指导的时候以问答为主要形式，学生有问题，我们就答疑。

高考题分难中易三个不同层次。有时候高考题考词语理解，一般不是简单的词义，而是如比喻义、引申义等稍复杂的词义。这些答题技巧一般是高三的时候讲，例如有比喻意义的词、有指代意义的词，怎么去分析。高一、高二讲得最多的是阅读方法。一篇文章首先要弄懂主旨，主旨句要懂得找出来，知道在哪些地方体现出来。要理清文章的结构，开头在哪里，结尾在哪里。主体部分可以分几个层次，整体框架要把握，然后是鉴赏的方法。高一、高二没有这么细化，高三就要进行有针对性的课题复习了。

高一、高二的阅读是整体阅读，"不要戴着镣铐去跳舞"，想着这些支离破碎的东西怎么能够跳得好这个舞呢？阅读的时候，考虑哪些东西是你读懂的，哪些地方最感动，可以摘抄下来，看完之后有什么想法也可以写下来，这属于整体感知的阅读。其实不需要使用太多技巧去理解文章，他们是高中生，借助技巧去理解文章不是很必要的。他们需要的是怎么理解这篇文章，相对深层次地去理解，看了以后有什么样的思考、什么样的感悟，这些更重要。

研究者：您是如何"言传身教"激发学生阅读兴趣的？

谢老师：我说我心里想的，我做我想做的，潜移默化。我自己读了一篇好文章，很兴奋，就跟学生说现在这个课我们先不上，先来谈谈这篇文章。这就是阅读带来的那种真实的感动、快乐，直接让学生看到。之前我们放了一个关于诗歌的视频，我们看到一位 84 岁的老婆婆在那里谈诗。我上次去参加古典诗词的创作，我说先不讲李白的，也不讲杜甫的，先看看我写的《木兰花》。我自己的学习小结，我会给学生看，让他们了解我。

研究者：您经常采用哪些语文评估方法？

谢老师：平时给学生布置摘抄的作业，目的是检查他们有没有读，让我更了解他们。"好记性不如烂笔头"，写下来肯定稳妥一些，同时这也可以为写作文提供素材。摘抄作文既看数量，也看质量。我比较随意，因为阅读是比较个人的事情，若喜欢，便会动手抄了。我要的是过程，抄下来不是目的，主要是抄的过程。

我小学时最初不会写作文，老师说你就每天开始抄写吧。我抄写了一个学期，作文就可以算得上上等作文了。我摘抄作文书上的美文，在抄的过程中就自然学会了说话的方式，当然小学就更快见效果了。这种习惯一直持续到高中、大学，我都一直有抄书的习惯。现在当然不需要了，在积累的过程中就训练了说话的方式。

有些高中生，他有想法，但不知道怎么表达才好。抄写是一个很好的方式，可以把自己喜欢的表达方式抄写下来。在抄写的过程中其实把这种方式模拟了一遍，所以我觉得抄写是一个很好的习惯。因为这个是备课组的要求，又是一贯传统，还要求学生写读后感。其实写的过程就是一个思考的过程。

三、关于专业发展

研究者：您认为什么因素对您的专业发展影响较大，是如何影响的？

谢老师：学生层次，学生的理解能力。我喜欢和高手"过招"，我不喜欢反反复复地"磨"一个问题。我讲一点学生就领会，那样是最好的。可能不同的学生听我的课，感受会不一样。基础好的学生听我的课，效果会好很多。我们是优生思维的，我以前在中学读书的时候，年年考班上第一，最好的纪录是年级第二。基础好的学生很难想象这样简单的内容反复去教，还搞不定。但是我不会因此对基础差的学生态度不好，或者不耐烦。只是我不擅长以他们的思维去教，所以效果没有那么好。

领导的态度，现在不是问题。前几年，语文在我们学校还是比较边缘的。领导不许学生在晚辅导课上看课外书，认为这样会浪费时间。但现在不是了，现在可以保证早读时间，还有晚读时间给我们，营造了很好的氛围。其实领导的意识也是一个很关键的因素。

教师教学能力才是最重要的。我一开始工作的时候，自我感觉是非常好的，觉得自己什么都懂。当时我还没有读自学考试的本科，只是一个化学专业的毕业生。后来，我从化学转到中文专业，攻读了文学博士。但是现在我上《荷塘月色》也不一定比那个时候上得好，那时候上课很有激情。这和学历没有太多必然的关系，领导认同我，觉得我可以教。而且当时也是暂时的，以为以后会转去教化学。那年就教了上面提到的两个考入华南师范大学的学生，事实证明我教得还是不错的。

读书读到本科以后，特别到现在，就越感到自己的肤浅。你知道的东西就像一个圆，当你知道越多的时候，越感觉自己无知。对着一班学生，总会想想有没有误人子弟，这句话有没有说错，这个理解有没有说错。我觉得老师还是要严谨一点，知识渊博一点，这是最重要的。

所以我认为，影响因素中排第一的是教师的能力；第二是学生层次。关于学校因素，学校有相对开放的教学氛围，所以感觉没有受学校太大的影响；最后就是高考，检验的标准。

研究者：您在教学上受到的限制和遇到的困难是什么？

谢老师：最大的问题是授课者的问题。我们的学生很乖，你教他们什么，他们就学什么。你教得越好，他们就接纳得越好。但当你教的时间越长，你会对自己越来越没有信心。我希望这只是暂时的。像今天上课，我就觉得汗流浃背，课怎么能上成这个样子？肖老师是授课者的典范，他比我大十岁，我觉得他是我们语文老师当中课上得最好、知识最渊博的。他就说经常上课时感到背后出汗，上完之后，还心情郁闷。我希望快点把自己的博士论文完成，多花点时间研究教学，多听专家的课。

关于教材，现在提倡用校本教材，我想等我写完论文，就自己编教材。如果不是写论文占用了太多时间，我早已经开始编制教材。学校的《文言选粹》就是我们老师自己编的，自己需要用什么教材就编什么。选教材的标准也是为这两个目标服务。

高考要考什么，我们就教什么。哪一种方式最见效，我就选哪一种。在追求目标的基础上再兼顾其他。现在的教材，选择的文章学生完全没有兴趣读。还有一个就是极不严谨，我觉得我有资格说这句话。教材选的都是经典文章，虽然经典文章有大把鉴赏的数据，但是还是有不少错误。我觉得这是不应该的，这是态度的问题，不是水平的问题。注释错、理解错，而且错了还不改。我觉得我们自己编教材可以做到的是，第一贴近学生的需要，第二是严谨。

高考方向，我觉得也不成问题，现在暂时还挺好的。我是属于考试型的人，最擅长的就是考试，擅长研究高考，所以无论谁出题，出什么方向，就算不按常规来，也没有问题。我经常和学生说，老师是三分之一，学生是三分之一，试题是三分之一。学生的能力水平只占三分之一，高考成绩不是百分之百由学生决定的，还有三分之一取决于老师，剩下三分之一就是研究试题的方向了，由师生共同研究。

有一年，有个学生拿了五本高考题资料，把五本书一题一题地对，每本答案都有细微的不同，然后和我讨论。这个学生那年高考考了很高的分。我想最主要的原因是，他对五套不同版本高考题的不同答案进行了比对，识别出哪个答案才是最规范的，思考了题是怎么出的，答题的时候该怎么答，做得这么细。

研究者：反思自己的语文教学，您认为哪些因素对促进自己专业发展的影响最大？

谢老师：关键词就是"学习"。其中有对专业知识的学习，对教学方法的学习，然后是自己反思。比如我去中文系学习，我在学习的过程中就得到提升了；我去听人家的课也是学习；我在备课组中与其他老师交流也是在学习。通过各种各样的途径不断学习，提高自身。自己要有目标地学习，通过学习专业系统的知识、读教学方面的书籍取得进步。

语文教学这块，我还是比较薄弱的。跟师范生比起来，我没有什么理论，书读得相对还是少一些。教学法比较薄弱，一个人的精力有限，我现在也在有意识地读这方面的书。我觉得，作为一个中学老师，两者都应该具备。我对自己的专业知识很有自信，我一直在学习，几乎没有停止。顶尖高手我都看到了，跟在读本科的时候相比，眼界是不同的。

但我缺乏对教学法的学习。因为我本科没有学过，工作期间也没有学过，读博期间我也没有太关注这个。我是凭着我个人对语文的感性认识去教的，本来是可以理论化一点的，但我还是比较缺乏理论性的东西。我以后不仅要补理论知识，还要经常外出学习，参加交流会，从别人身上慢慢学习经验，提高教学能力。

研究者：请您谈谈本科读化学专业对现在语文教学的影响。

谢老师：可能没有直接的影响，但是读过和没读过还是有区别的。我的一个同学说过这样的一句话，他说："虽然我们现在不搞化学了，但是这个经历对我们来说是很重要的。"我很认同他的观点，读化学拓展了我们思考问题的方式，是一种思维的训练。你看我是教语文的，相比纯粹的语文老师还是不同的。比如我写论文，或指导学生阅读、写作、做题，思路会严谨很多。我的作文指导就与很多语文老师不同，很讲究结构的严谨、字句的锤炼，一看就是理科生的思维。我的论文，不管是硕士论文还是博士论文，都写得比较严谨，框架都是很严格的，这个跟理科思维还是有关系的。

我是在讲古文注解的时候发现，现在的粤教版教材很不严谨。我跟学生说，你们以后要做研究的话，要有严谨的精神。如果材料有问题，就不要引用，要去找最原始的材料。这也是我在答辩的时候，博导反复强调的。他很注重我们引用的文献版本，引用的语言材料，哪个版本是比较权威的，你必须要自己判断。

研究者：您如何指导徒弟的教学？

谢老师：小韵（化名）是我的徒弟。我带了她两年，她目前也顺利拿下了"人梯奖"一等奖。评奖的标准主要是看发文章数量、课时数以及学生成绩等。我给了她机会去上公开课，因为我觉得她有能力胜任。她是刚毕业两年的新老师，上这么大型的公开课，压力很大的。我给她一个方向，让她上唐宋散文——书体文。新老师上一篇古文若探讨得没那么深入，点评没有那么到位，就没有什么优势。我指导她，让学生读了这个单元的书体文之后，还补充了一系列的书体文。然后请学生谈谈在读了大量的书体文之后，对唐宋的书体文有什么认识，从形式到内容上的认识。指导她把这节课作为课外阅读的总结课来上。她觉得这是个不错的方案，便开始着手准备，准备了一个多月。准备资料时，我给她提供书，让她自己去选比较认可的部分，然后打印好发给学生，指导学生做阅读笔记与读后感，最后选一部分贴在后墙上给听课的老师看。

这次公开课，她上得还不错。有些老师看了这个题目便来听她的课。她自己找用来点评学生的资料，我告诉她思路与方法，以及如何才能够把文章分析到位。我还建议她登录中国知网检索论文，把与这篇文章有关的资料都下载下来阅读。关于这篇文章的解读，她找了很多资料。

本来这是一种学术研究的方法，比如我们写学术论文，先搜集资料，把能找到的资料看一遍之后，人家说过的，我就不说了。现在我可以做什么，我就在这个基础上研究。这次情况有所不同，我告诉她别人说得比较多的，你上课就用那些。你没有把握的就不说，因为你是新老师。那天听课专家的点评很到位，对她的评价都很高。因为我们看了无数的资料，鉴赏能力还是有的，我们分得清哪些好，哪些不好，哪些深刻，哪些不深刻。所以我就说用这种方法来准备，凡是学生可能知道的文章，你都要去准备。

年轻老师苦恼的不是有没有时间去做，而是苦恼不知道怎么去做。你告诉她可以这样去做，她就去做了。她上得很好了，我个人认为影响还是比较大的。我不是教了她一节课，而是教了她研究问题的方法和准备的方法，还有课堂环节怎么安排。一节课就是一篇论文，不是随意的课，而是表演课。提前准备了，甚至彩排过多次，把最完美的情景展示给别人。一节课相当于一篇文章，一篇文章怎么才写得好呢？中心明确，所有的东西都体现了中心。一节课上得好，所有人都留下了深刻的印象，所有环节都指向这个课堂目标，不蔓不枝，每个环节都要做到完美。为什么要提这些问题，内心必须要清楚。而且这些问题要锤炼，在哪个时间提，要想清楚。学生可能出现什么状况，你要预测。

我带中文辩论队，让小韵做秘书，让她跟着我实践，能指点就指点，算是尽心尽力。我不像有些老师指导得很细，从生活到工作事无巨细。我说你快点写点文章，我是真心为她考虑。你要评职称，必须要有论文。我是她的老师，她没有考虑到的，我就先帮她考虑到。为什么让她硬着头皮上公开课，不让她等一等呢？人家没上，你上了，说明人家认可你了。没有展示自己的平台的话，人家是不知道你的。你比人家有优势的，就是你做事情比较认真、细致。她想不到的地方，我帮她想，她只要肯做就可以了。肯做就能达到预期的目标，为什么不做？如果是一位经验丰富的老师上的话，这种课肯定是很好的课。

如果是我去上，人家可能会说视野很开阔，站得很高。评价还是不同了，但是课还是那个课，思路一样。我打电话给同事，让他们都来听课。还有些石门中学的老师专门冲着这个题目来听。虽然不是挤满了人，但是还是来了不少人，顺利地完成了这次公开课。那天我郑重其事地换了一套衣服在门口迎接，很紧张。还有些备课组内的公开课，她给我看课件，没有问题，她就上了。那个不是表演课，是真正为教学服务的，就没有那些花哨的东西了。我的原则是最大限度地让人家自由发展，强加给她的东西不是她的东西。她自己在做的过程中，做成了她才知道。一般来说，她给我看的东西，如《文言选粹》大部分是她做的，我看了没有什么大问题就定了。有时候我选的篇目，课堂设计会让她去做，她是很细心的人。

研究者：您认为影响新手老师成长的最关键的因素是什么？

谢老师：自己的努力，别人只能给你指引方向。我们学校有个传统，就是经验丰富的老师愿意带新老师。如果你愿意学的话，人家会没有保留地教你。只要你愿意学习，就推门来听我的课。有问题来问我，言无不尽。不光是我这样，我们资历老一点的老师都有这种传统。这种氛围比较好，年轻老师会觉得自己被爱护，身边的人是希望他们成长的。

鲍老师访谈录

一、关于个人成长

研究者：请您谈谈自己的教学经历。

鲍老师：我是 1984 年于香港大学毕业，毕业后出来教了两年书。1986—1987 年在香港中文大学读教育文凭，然后回以前在西贡的母校教书。1988 年便来到这所学校教书，直至现在。

1988 年，那时是创校的第二年，我一进来就做了科主任。在学校，如果做科主任表现出色，可以提升职级。我用了两三年的时间就升到了高级教师。那时候香港很多人移民了，教师很难聘请。校长为了稳定学校的教师团队，把表现出色的老师都晋升了。他的这个策略在当时确实能够把重要的人才留下来，稳定军心，所以我也是比较幸运的。当时我一身兼两职，既是中文科主任，又任训导主任。

以前将军澳还没有开放，当时西贡只有两所享受政府津贴的中学。中学主要收来自乡村的同学。很多在偏远乡村的学校，被称为"村校"。他们的教育水平比较低，师资力量较为薄弱。乡村的学生在学习方面不太专心。香港特区政府会分给本地居民一块地，可以用来建房。后来很多人把房子卖了出去，赚了不少钱，祖辈都去了英国、荷兰等地，所以这些学生读书都很不用心，受教育水平也比较低。

我们学校刚建校时排名在全香港第二类、第三类的位置。后来在很短的时间内升级到第一类。其中一个重要的原因在于我们老师自己做得好，还有就是因为当时屯门有很多学生。屯门自 20 世纪 80 年代开始就建成了很多公共屋村，学生很多。只要学校办得好，就不愁生源。还有一点，我们是天主教的学校，在香港人心中一般都会觉得是好学校。屯门的居民对我们学校比较有信心，后来发展的情况也比较理想。我们学校在 20 世纪 90 年代中期被评为全香港的第一类、第二类学校。

在学校里，我觉得自己是有一定影响力的。之前的中文科主任很重视人际关系的培养，组内经常组织一些活动，大家常常一起去打球，老师们关系很融洽。这点对我以后做科主任也有一些积极影响，我非常重视和老师们的关系。我们学校助理科主任很擅长做这方面的工作，观察力很强，能够细心地观察到每位同事的需求。我们中文组是学校团队实力最强的组。

另外一点，就是我做训导工作期间，跟当时的老师学了不少管理学生、管理纪律的技巧。后来进了学务组，也学到了一些东西，对我后来的发展也有一定的影响。我后来做了副校长，对学校进行管理，创立了校规、奖惩制度、纪律要求。在学生的仪容形象方面，我创立了八字箴言——"端庄朴素，整齐清洁"。后来改成了"端庄整洁，优雅得体"。我常常问学生，有没有熨过衬衣，有没有把鞋子刷得锃亮，上课时有没有吵闹，上课的态度怎么样，有没有很主动地去学习。我们要向学生传达这个信息——怎样学习才是好的学习。学生站在操场上，如果站得不好，我就要求他们站直，手放在后面。晨会铃声响前，要求学生全部站在操场上。上课铃声响前，学生全部都要回到教室。这些都是纪律要求。如果不提纪律的要求，他们就很放松了。

香港很多小孩无法照顾自己，将来进入社会之后，工作是否认真，是否重视小节，显得尤为重要。你的衣服穿出来要得体，不要影响市容。如果学生平时见惯了穿着不太整齐的同伴，就觉得自己也可以这样了。如果他们经常见到一些好的形象，也就知道什么是好的。对我自己来说，我每天的穿着会重视整齐、整洁，不随意搭配。我希望自己的形象是学生学习的榜样。

小时候我没有特意去学习穿衣打扮。进了大学之后，我与很多同学接触，只是感觉别人的穿着跟我的好像有些不同。刚出来工作的时候，不知道穿西装长裤是不应该配白色袜子的。有次我的一个同事不经意地提醒了我，后来自己才慢慢学会。我现在的学生，可能与当时的我一样。我希望他们将来进入大学，进入社会工作的时候不会经历我当时的那种尴尬。我们可以看到如日本与韩国，大家都很注重衣着。学生要举止优雅得体，知道什么时候应该做什么。

研究者：请谈谈您早几年的工作经验对现在工作的影响。

鲍老师：现在回想起来，当时教书，只是把以前老师的教学方法，套用在自己的教学里。我是幸运的，以前的老师教书都是不错的，是我的榜样。还有就是在语言表达方面，我比较有信心，我不会拿着课本来讲课。以前我读中学时遇到的老师都是很有学问的，他们备课很认真，所涉猎的知识还十分广泛。记得上中学时，老师上课常常讲一些课外的文章，课外的书。我们中学一年级的时候，学的新诗就是郭沫若的《天上的街市》。我的老师教《也许》时，还跟我们说《长恨歌》等。还记得《湖上的中秋》讲的是西湖，说的是"文革"时候的事情。教我的老师去过杭州，他就把西湖的美景画在黑板上。当时我就已经知道了苏堤、白堤这些景点。这些老师很认真，他们不单是教课本上的东西，还讲很多课外的东西。从小学五年级到中学的这个阶段，教我的每个中文老师都是好老师，都是我学习的榜样。

以前的老师上课一般都是朗读课文，然后逐段解释生字词、段意、主旨，我刚出来的时候也是这样教书的。如果是文言文的话，每个词语都会串讲。他们有时候也会用比较活的教学方法，丰富了我们的见识。记得中学时有一个老师教我们写作，他带我们去机场感受离别，要求我们认真观察，回来写一篇文章。我现在也这样教。但是现在我带学生出去走的时候，我的目标就丰富多了。以前的老师叫我们自己去发掘，学生可以坐在椅子上看，也可以去平台去看飞机。当时，他也没有进行太多指引，我们也没有什么阅读经验，就去机场走了走。我现在把它发展成"观察写作"了，这可能与以前的老师教写作文的方法有些关系吧。

研究者：请您谈谈自己的学习经历。

鲍老师：我小学是在基圣小学读的。这个小学以前在公共屋村，水平算是比较好一些的。中学在旅港开平中学，它是一所商会中学，在当时算是比较新的学校，比私立中学好一点。我们小学六年级的时候要考"升中试"，这决定了能不能升级到中学读书。1973年，当时香港学位很少，只有小学是免费教育，中学还没有免费教育。如果是成绩比较好的学生，就可以读五年制的中学，其学费由政府负责。如果是成绩比较差的学生，就读三年制的中学，政府会出这三年的学费，但如果要读中四与中五的话，政府就不负责学费了。如果学生成绩不好，就进不了中学了。中学五年级要考毕业考试，决定了能不能升到中六、中七。如果能够升中六的话，政府也会资助，但是自己要多承担一些学费。以前我们学校中五有五个班，200多个学生，但到了中六就只有两个班，60多个学生，竞争还是很激烈的。当时考大学是很困难的，60个学生参加考试，一般只有10个可以考进大学，通常考取的是香港中文大学或香港大学。当时香港中文大学与香港大学的学制不同，香港大学是三年制的，香港中文大学是四年制的，当时我们念中六、中七的同学都是考香港大学。

二、关于语文教学

研究者：请您谈谈对语文教学目标的设计。

鲍老师：以《书》的教学为例，教学目标就是加深学生对书的感情，强化对知识的追求，让学生对书产生深厚的感情，这是情意教育，是我在语文教学中比较看重的地方。因为我们学校很重视对学生阅读能力的培养，如果学生对书有感情，对文化有一定的感情，我想这种经历对他们将来追求知识也有一定的影响。我看现在很多人喜欢阅读，他们将来就会成为终身阅读的人。所以我对这篇文章的教学是比较重视的，你看我上课的时候谈了很多关于自己看书的习惯等。

研究者：您在教学《书》时为什么会使用概念图来解读主要内容呢？

鲍老师：以前在中七教《书》的时候，是要求学生回家自己看书，自己做概念图，然后展示的。当然，不同的学生做出来的效果不一样。我在备课的时候，担心现在中五的学生画不好概念图，我就考虑用错误分析法，给学生一个现有的概念图让他们分析。我试着把以前中七学生做过的概念图给他们做一个参考，让他们自己去思考，如可不可以补充一下或用批判性的眼光去判断别人的概念图有没有不足的地方。

通过这几节课的实验，我觉得还是让他们自己做概念图比较好一点。在这个过程中教学时间增加了，我觉得有点浪费。但是，从另外的角度来讲，对促进学生思考也有好处。比如，《书》第一段讲的"书香"，我看到有些学生处理概念图与别人的有些不同。"买书"这段，学生的处理也有些不同。可能到"爱书"这里，在处理上又有更大的分歧。上一次的讨论，学生自由表达，我想他们也经过了自己思考的过程，但是这个思考的过程有多大的用处，我还没有完整地评估出来。我用的错误分析法，所谓整理的概念图，究竟有多大用处，我还在思考。

研究者：请您谈谈在语文教学中遇到的困难与限制。

鲍老师：对我来说，还是时间少的问题，使得学生不能把课文处理得很好。比如《醉翁亭记》要做课文的整理、艺术技巧的分析，要做比较，加强他们对文学的赏析能力，现在的课堂时间根本就不够。如果每周我有 11 节课的话，情况应该好一点。我可以多给他们一些文章，让他们多读一些，多读就是多输入。在上《醉翁亭记》时，我会提到《丰乐亭记》，其实也可以谈谈欧阳修的诗歌。还有我看过内地的资料，黄庭坚用《醉翁亭记》的内容填了一首词，也可以把阅读联系到创作，可惜时间不够。

另外的困难与限制就是学生的能力。我每次都要考虑如何让学生更好地把握文章。读的时候从什么地方入手？还有学生已学过这篇文章，能不能举一反三呢？比如学生看了《岳阳楼记》，能不能分析《醉翁亭记》《岳阳楼记》写作手法的共同点。我在课堂讨论的时候，已经了解到他们都能掌握这点。但是以后他们自己读其他篇章，会不会有意识地用学过的技巧来分析呢？

学生的举一反三能力是有限的。如果我给他们一篇文言文，他们对文言字词不理解，也就不能举一反三了。此外，这对学生的能力是有要求的。刘勰说："观千剑而后识器。"对于我来说，读的作品肯定比学生多了。我在课堂上刚刚教完《醉翁亭记》，然后看看学生在阅读《岳阳楼记》时的情况。学生有做得好的地方，但是过了一段时间，他们能不能记起来呢？或者说他们在读文章的时候，还有一些别的学习障碍，如对整篇文章的理解等，他们能不能灵活地运用这些赏析方法呢?

研究者:请您谈谈自己的备课情况。

鲍老师:我很欣赏内地教师提到的"吃透教材"这个说法。老师要对自己教的课文有全面的了解。以《醉翁亭记》为例,我看了内地的一些教案,也看了一些名家赏析的文章,对这篇课文有了更为全面的理解。虽然我每年都会教这篇文章,但是我每次备课的时候,都会重读这篇文章,再消化一次,看看需不需改动一些教学内容,或者看有没有新的材料补充。当你全面了解这篇文章的背景、其他学者的评论等,你的头脑里面就有一幅画面,就知道该怎么设计教学。上课的时候,你可以讲课外的,也可以自己发挥,这样上课才有趣。老师有没有备课,学生是知道的。

《醉翁亭记》前面几句是很长的,如果不备课,怎么教得好课文呢?学生看到老师很厉害,他们对你很佩服,也有助于塑造自己的形象。如果学生觉得老师上课很认真,很有深度,他们对老师就有信心,否则他们对老师没有信心。学生不喜欢老师讲非考试的内容,但如果老师只讲考试的内容,学生又会觉得这个老师学识不够。

我教《书》的时候,也没有很多备课资料,与《醉翁亭记》不同的是,内地也没有教案。我查过内地教材没有选这篇课文。我就自己把文章"消化""吃透",也看了很多关于《书》的文章。其实我很喜欢看一些与《书》有关的评论,所以要把《书》教得丰富有趣,要靠这些。上次我在上课的时候,拿出一个盒子,里面装了各种不同形态的书,学生们都很感兴趣。你说这个与课文也没有关系,但是学生也见过了。如果老师自己也不"吃透"教材,就让学生去看注释,但是学生看了注释也不了解什么是"毛边书"。如果老师自己不"吃透"教学内容的话,教这篇课文,我想是比较单调的。在理想与现实之间,我们要取得平衡。其实,谈高考也不是坏事,高考也是课程的一个部分。

研究者:您如何在语文教学中保持激情呢?

鲍老师:自己对文学的热爱。如果老师自己不爱自己的教学学科，没有兴趣去学习，那就不行，这个是最基本的。我喜欢阅读，有目标，自己主动地更新知识也完全是出于自己的兴趣。还有一个目标就是我要发现一些好的作品、好的书给学生看。如果我看到一篇好的文章，分享给学生看，他们也有成就感，他们的学习兴趣就来了。

"成功是成功之母。"当你看到自己的努力有学生欣赏，很多起初不喜欢文学的学生都对文学有了兴趣，上课的时候，他们也都享受学习，觉得这个课不太讨厌，而且在公开考试中取得很好的成绩时，你会觉得付出的劳动都是值得的。还有一些学生在进入大学之后，都念中文系，热爱中文。每年我们都有很多学生报考中文系。

大部分时候我都是享受课堂的。但是现在的新高中课程，没有预科课程那么让人享受，这个关键还是时间的问题。一个课程原本可以教得很好，教得深刻，给学生很好的感受，但常因没有那么多时间，只能够轻轻带过。因新高中课程改革的关系，现在课时比较少。如果课时多，老师有时间跟学生讨论，也可以让学生们进行比较阅读。如有需要，多讲一两篇也是可以的，还可以留一部分时间让学生进行课堂报告。比如我们读《诗经》的一些篇目，就分组学习，让学生准备《诗经》的其他篇章，然后由学生轮流展示。当我看到很好文学的作品，例如散文、小说，如果跟这篇文章是有关系的，也可以分享给他们。旧课程每个循环周有 11 节课，但是新课程每个循环周只有 6 节课，所以时间根本不够。

三、关于专业发展

研究者：请您谈谈个人的学习经验、学校、教科书、学生因素对语文教学的影响。

鲍老师：教科书的影响不太大。考试当然有一定影响，考试与教学不能分开，我的教学经常是紧扣考试的。我认为教科书对教学没有什么影响。

从阅读教学来看，老师的影响是最大的。我教《醉翁亭记》，也教课外的文章，如《丰乐亭记》等，这些都是我自己选的。选择课外文章进行比较阅读，老师的选择有决定性作用。按照一个大学教授说的，比较阅读要选择有"撞击力"的文章。如何选择文章，老师是有决定权的。教材里面谈得很浅的，有些课外篇章却谈得很有深度，这些文章可以弥补教材的不足。

例如，《岳阳楼记》后面谈到的理想抱负，那么《醉翁亭记》的作者欧阳修实现了吗？我自己觉得这个问题不错，因为这就是有"撞击力"的文章。范仲淹提出来的理想，欧阳修没有很明确地说出自己就实现了这个理想。其实他们是同时代的人，欧阳修说了一种现象，怎么把这个现象与范仲淹的理想联系起来呢？我觉得欧阳修做了一个比较有深度的诠释。所以，老师怎么通过这篇文章来扩展学生对课文的理解是很重要的。

研究者： 请您谈谈大学时期的学习经历对现在教学的影响。

鲍老师： 我大学读的中文系，但我对古代文学的兴趣不太大。我们那时候读五个科目：文字音韵、文学批评、小说戏曲、现代文学、当代文学。一般来讲，中文系的学生都会选散文、诗词。香港大学中文系不是很大，开设的课程也不多。当时我对现代文学与当代文学兴趣较大，直到现在我对这两个方面还是有很大兴趣的。

教我的老师是钟玲教授，她现在是香港浸会大学的副校长，也是文学院的院长。那时候，我认为她是第一个教台湾文学的教授。当代文学里有一部分是内地文学，当时我们读的是赵树理、柳青的书，还有伤痕文学，如刘心武的《班主任》等。诗歌方面就是读闻捷等人的作品。钟玲教授祖籍广东，但是在台湾长大、读书，后来去了美国。她当时是第一年进香港大学做教授，教的是翻译学和台湾当代文学，是她开启了我对台湾文学的新认识，包括诗歌、散文、小说等。20世纪40年代中期到80年代，台湾作家的书在香港都很畅销，例如白先勇等人的作品，台湾文学在香港非常流行。我在大学期间也看了很多台湾作家的书。钟铃教授教台湾新诗时，系统地选择了一些台湾的诗歌，在课堂上给学生做了赏析与评论，介绍了台湾诗歌的体系。当时学到的文学知识对我现在的教学还是很有帮助的。其实，香港很多中文科老师对现代文学都不太熟悉，更别说了解台湾的当代文学作品了。

这个影响不单单是加深了我对台湾文学、现代文学与当代文学的了解，还对我今后自学中国文学产生了积极的影响。例如苏轼的很多作品，也是我自己在教书以后自学的，《诗经》也是如此，其实很多都是自学的。我在读大学以前，读预科的时候，已经学过中国文学史。我们读的是游国恩等人主编的《中国文学史》，对此已经很熟悉了。我们要学的话，可以按照对中国文学史的认识，然后自己再去找资料。但是现代文学，特别是当代文学，我在之前也没有什么基础，所以大学时期的学习比较重要。直到现在，我常常跟学生介绍其他的作家及其作品，给学生介绍延伸阅读的材料。我自己对阅读也有很浓厚的兴趣，平时也看了不少书。因此介绍什么书给学生来看，对我来说也不是什么难事。但是，对于没有阅读习惯的老师或是对现当代文学、台湾文学没有什么认识的老师来讲还是很难的。所以我在学校推动阅读，也跟这个有很大的关系。

在香港的中文课堂上，如果老师常常念李白、杜甫、苏轼的诗词，常常跟学生说延伸阅读，学生会抗拒。但是你跟他们讲白话的文学，他们接受的程度就会比较高。我们学校每一年都有书展，都会向学生推介书籍。在推荐书目里，如果有关于李白的文集，我相信学生肯定不会主动跟老师去交流。所以我觉得自己在大学时代读过现代文学、当代文学，后来也从这两个方面持续阅读了很多作品，这对我的语文教学也有很大的帮助。

研究者：请您谈谈大学教授对您语文教学的启示。

鲍老师：钟玲教授开启了我对台湾文学研究的一个方向，即新诗，特别是诗歌、散文阅读的赏析方法。我也学过文学批评，当时对我来说，文学批评都是一些很抽象的评论，比如说李白是"天马行空"，韩愈是"滔滔江河"。其实很抽象，我不太喜欢。但是钟玲教授教我们读一首新诗的时候，会告诉我们从什么角度来读，比如说很重视意向，很重视节奏营造等。例如，很多台湾作家受西方文学的影响，所以我们在阅读台湾文学时需要了解西方文学、希腊神话等。现在我教学生语文的时候，也很清楚这点，因此不会跟学生讲一些很抽象的概念，而是要进行具体分析。

研究者：请您谈谈在职培训、个人学习经历等对您教学的影响。

鲍老师：在职培训的影响比较小，个人学习经历的影响比较大，包括个人受老师、朋友的影响很大。我在香港中文大学教育学院读书的时候，认识了很多同学，大家志同道合，都在为将来当老师努力做准备。我也曾作为交流团的一员到内地与其他老师交流学习，当时我看了很多教育类的新闻，这些都对自己的专业发展有积极的影响。当时我也开始接触教师专业发展领域，例如老师之间互相听课。那时候（1986—1987 年）内地教育的发展还没有现在发展得迅速，我跟广东培正中学的老师也交流过，去听了他们的课，了解了内地的教育发展，还参观过中山大学。去年我跟同样获得行政长官卓越教学奖的几个同事组织去杭州的学校听课，感觉内地老师给我们看的都是最好的学生，我也看到他们的发展跟以前相比进步很大。

香港中文大学的同学互相影响，还有就是要有自信心。我当时成绩很好，教育实习与学科成绩两个领域都是拿 A 的。当时学校有一百多个学生，大概只有五个同学拿 A，我以双优成绩毕业了。实习的时候老师来录课，当时我对自己的教学很有信心，也很有激情。后来出来教书，回到母校教了一年，然后便来到这所学校教书。在教书的过程中，自己有很强烈的满足感，也做过很多不同类型的工作。我做过科主任，认识了很多人，大家在一起发展自己的理想。另外，做过校本课程设计、推动阅读等工作，还担任过学校训导主任。我比较幸运，进了一所比较新的学校，遇到了好的校长。校长给了我一个发挥的好机会，也遇到了很多很好的同事。那么多好的条件加在一起，也可以帮助我提升。

我做训导工作时要维护学校纪律，所以学生都很怕我。当我上课的时候，我又很开心，因为在这时我跟他们没有了师生的隔阂。在课余的时候，跟学生一起活动、露营、郊游，我觉得与学生相处很有满足感。在学生的心目中，我是他们信服的老师。他们可以看到我在维护学校的纪律，我具备了这样的形象，他们还看到了我的另外一面。后来学生在公开考试中也取得了较好的成绩，所以一路走来，我的经历都很有意思。

区老师访谈录

一、关于个人成长

研究者：请您谈谈自己的学习经历对语文教学的影响。

区老师：我的小学是在元朗的乡村小学读的，我爸爸是这所学校的老师，后来我转校了。中学在元朗的商会中学读的，中六的时候，一位语文老师教了我们半个学期，他教我们写周记、散文、诗，对我的影响很大。他说如果你们不喜欢写报告，创作一些诗也可以。他教了半年就走了，后来来了一位老师继续教我们，我对这位老师的印象也很深刻。他很有风范，文章都可以倒背如流，板书也写得很好。他对我们的写作要求是很高的，作文总分为一百分，多数同学都得三十几分，我得六十几分就很开心了，然后他会在班上朗读我的作文。我每次看到老师出的作文题目，就在家里的书柜里找类似的文章，然后进行仿写。老师是这样要求的，但你自己希望得高分就要做得好。得过一次很好的成绩就不想比上次差，想做得更好。

我的本科是在香港浸会大学读的，读的是中文专业。我喜欢中文，中文是我成绩最好的一门。我读了双硕士，读硕士收获最大的是学会如何组织课程，我和新同事总是谈到一个很简单的问题，即教学的目的是什么，你的评估就是什么。如果老师开展的任何一项活动，学生都很开心，但是开心不是你的目标，便要再思考。我经常思考教学目标是什么，评估是什么。教学目标、教学内容与教学评估，这三点是我谨记的。

读硕士时上的文化研究课程让我的眼界开阔了，我觉得很好。读了文化研究方向的硕士之后，我觉得可以用不同的视角来看世界，与我以前想的不同。还有就是想法比以前深刻了，甚至会考虑我与世界的关系，程度会深一些。我教过课文以后，会更多考虑这方面的内容。我常常跟学生说：你不要完全相信老师，你要有怀疑的勇气。你觉得别人的观点与你的不同，可以反对，也可以以不同的角度来考虑。

研究者：请您谈谈自己的教学经历。

区老师：我于1991年本科毕业，毕业后就来到了这间学校，到现在已工作超过20年。1993年，我开始读香港大学的教育文凭，是两年兼读制。以前没有这么大的竞争，先是工作，再读教师文凭。

我爸爸是中文老师，他大学读的专业是中文与政治。小学时我家里有个书柜，我就在家看书。三毛的那些书，我每个暑假都看一遍。以前的学生都很喜欢看书，当时也没有什么可用来消遣，信息很少。学校图书馆有的，我们就去借，全班轮流看。那个时候老师年年送书给我们看，不同作家的都会看。有时候我们还会模仿书的内容或结构进行写作。我记得初中写小说一写就是十几页，老师布置周记，也不介意我们写什么，只要交了老师就批改。学生之间流行写卡片送人，写的都是打油诗。

1993年，我开始跟以前的科主任一起做学校的语文课程设计，设计单元教学。我觉得这项工作能开阔自己的眼界，她带我出去开会，组织校本课程，当时自己还读了硕士，整体上就觉得很不错。1997年，我开始读教育硕士，读的是课程设计专业。在没读硕士之前，学校的黄老师是第一任科主任，她给了我学习课程设计的机会。第二任科主任冯老师让我负责初中语文课程，我就开始接触行政工作。从中一到中三，慢慢地推进课程改革。2007年，我开始担任科主任，一直到现在。

二、关于语文教学

研究者：请您谈谈语文教学的目标设计。

区老师：以《六国论》为例，我想让学生理解的不仅仅是中心思想，还希望他们懂得作者是借古讽今。我希望他们了解这篇文章的框架、作者的背景、文章是怎样写的，了解作者是如何运用历史事件的，有什么样的作用与目的。我不是要学生单单学习这篇文章，还要学习这个框架。人们运用历史故事的目的其实是什么？是一个勉励。华盛顿砍樱桃树的故事，说明了诚实是一个人很重要的素质，是作为一个伟人的必要条件。学生说不要重蹈别人的覆辙，所以我经常提这个框架，跟学生探讨这个。

研究者：您希望学生从语文学习中学到什么？

区老师：以《触龙说赵太后》为例，我希望学生能学习儒家思想，如修身、齐家、治国、平天下。一个读书人会对国家有担当，希望国家越来越繁荣，作为一个读书人应该要提出自己的看法。上课时我已经谈过一个例子就是"欺凌文化"，当你自己示弱的时候，其他人就会更加来欺负你。只有自己自强不息，才能解决问题。当然这个是情意教学，上课的时候都要兼顾这些。

学生会问历史跟他有什么关系呢？如果我们的学生在今时今日看到这篇文章，会感悟到如果我们这么容易就示弱，就会被欺负。一个故事中有现实的意义是很重要的。

研究者：在自己多年的教学生涯中，您认为哪些教学方法对学生最有效？

区老师：觉得有些以前还可以的，现在不行了。很多东西都需要学习，时间有限。我记得读教育文凭的时候，老师教我们写作，会想到带学生到处走走，一起去观察。这些是表面上的。现在想想怎么做才能做得好呢？我经常觉得自己做得不是很理想，没有做得很好。

记得有一次学校教师发展日邀请别的老师来分享教学经验，听完之后，我觉得很感动。一位教英语的老师，每个礼拜都会带一些学生去图书馆看书，我觉得这是个很好的方法。现在年轻人不喜欢看书，其实是我们在逼他们读书。十几年前看到一篇文章，讲的内容到现在我还印象很深刻。作者说每天晚上她家里都很静，静到没有声音。她看报纸，她先生看杂志，女儿看书。两个小时大家没有聊天，就沉醉在文字里。这个画面，我觉得很好。香港人很少这样，阅读习惯没有国外好。老师没有很多时间看书，最多的时间就是在假期里，我与丈夫假期旅行时一定会带书去。国外很重视阅读文化，去旅行的时候，小朋友出门的时候，总会带一本书。但是香港人不是这样的。香港人出去就打电话，很吵，我觉得这是一种文化。

内地学生的阅读很深、很广。每年我与中六的学生一起去图书馆，我觉得他们都不能很好地反思阅读。台湾的书店书很多，不买书也可以看很久。香港不是，书店很明显是做生意的，没地方给你看书，买完就走了，不会有这个氛围。香港学生看完书会写阅读报告，然后老师打分，这是用一种功利的方法去促使学生阅读。我觉得这样不好，把分数作为读书的目的，怎么能提高学生的阅读兴趣呢？很多成绩很好的学生得 A，但他们只看课内书，课外书一本都不看。

研究者：您认为哪些教学方法对提高学生的语文阅读能力最有帮助？

区老师：平时我们也会讲阅读策略。首先看题目，然后带着目标去阅读，你在阅读的时候就很清楚自己要看什么。从题目当中，你可以圈出一些关键词，再去理解文章，看看说的是什么内容。其实有时候，你看了题目就知道要找什么答案。看文章的时候，找里面的关键词，并做上记号。根据上下文理解文章，找到阅读的答案。

我曾与学生开玩笑，问他们觉得自己考试是"屡战屡败"，还是"屡败屡战"。"屡战屡败"是正常的，而要做到"屡败屡战"，取得最后胜利必须要有个条件，就是你能从错误中学习，懂得应用策略。老师讲的方法，学生一定要记住，如果记不住的话，就会屡战屡败了，一定要用策略才可以赢的。我经常强调，考试是考你的阅读理解能力。我跟香港大学的罗教授学习的时候，知道这些阅读策略用得多了，就内化了。自己可能不清楚，当你做老师的时候，就能很明确地讲出来。我将自己的思维过程告诉学生，出声思维。

三、关于专业发展

研究者：您与香港大学罗教授的教学研究合作中，收获最大的是什么？

区老师：既有学生提问也有老师提问。我记得罗教授刚来学校教"相互教学法"的时候，我就觉得很害怕。为什么呢？因为我们老师想问的题目，不是学生问的题目。我预测学生问的题目，其实学生是不会问的。这是"相互教学法"的特色，对老师来说是很大的挑战。我记得当时有几个人来听课，校长说这个方法对老师的要求很高，学生提的问题，需要老师很快回应，我也在思考什么样的问题是好的问题。当时我的提问没有那么严谨，也没有考虑老师提问的不同层次。

后来自己慢慢梳理学习，才发现原来老师提问有这么多的层次。有些是事实性问题，然后是解释多一点的，提到一些概念性的问题。如果是文章的话，会提到一些关于主题思想的问题。最后是运用已有的知识进行评价。这些都是自己平时想的，当时也没有特别去研究。后来我向学生提问的时候，心里已经想好了，我要问哪个层次的问题。有的基础差的学生，你就一定只能问较简单的问题，一般他们只能找事实，然后进行解释。

此外是学生的提问，怎么让学生提一个值得讨论的问题呢？这是一个很重要的学习过程。以前我觉得学生问的问题很无聊，很没意思。当时讲《孙悟空三打白骨精》，学生问我为什么白骨精要变三次，当时我说这只是一个故事。其实这个问题的背后不仅仅是问这个问题，而是学生要求解释背后的原因，甚至是寻找答案。提问与回答是不可分割的。一个学生问为什么要变三次，有些学生说为什么不是一次、两次，有的学生回答说，这是好玩的。我问他们："三次有没有特别的策略呢？有什么次序？"然后学生就讨论，为什么先是年轻女子，再是婆婆、公公？这些是有内涵的，要通过对文章的解读理解这些内涵。学生又问："为什么是美女呢？"白骨精要从八戒下手，因为她知道八戒好色。白骨精要瓦解师徒关系，一定要用策略，动之以情，这样才能引发唐僧的怜悯之心。老婆婆的女儿死了，接着一家人都死了。这个次序是很好的，是个策略。白骨精变三次，是想说明只要他们内部不团结，外面的人一来，用些策略的话，就能攻破团体了。这个讨论是很丰富的。

但是平时的课堂都只是老师说，学生不会问这些问题，或者认为这些问题不重要，要学生先回答老师的问题。所以我对提问的印象很深刻。学生自己问，然后自己讨论。学生在自己的讨论过程中就理解文意了。学生讨论要根据文本，不是乱讲一通，也是联系了主题思想，其实这是很好的。小说有情节、人物、主题思想，学生就深入地学习这些，我觉得是很好的经验。我以前是很怕学生提问的，因为不知该如何回应学生的问题。这个学生问得很好，解释得也很好，后来我就把这个学生的答案分享给其他学生。所以，学生的提问还不够，一定要自己找出答案。

研究者：请您谈谈在教学中受到的限制与遇到的困难。

区老师：一篇好的课文不是那么容易找的，我们教科书的编写主要是从写作的角度考虑，对于思想性与人文性涉及得很少。比如教材中提到的孝、伦理、父慈子孝、愚孝等比较，或者是古代的孝与现在的孝的差异，但是教材的编者完全没有考虑这些，他们只是把几篇文章编在一起。我自己也编过教材，知道编教材并不容易。这是个比较大的限制。我赞同教学并不只是教课本，背后需要给学生灌输重要的文化概念。老师都希望学生能达到学习的最高目标，理解文化思想。其实说得容易，做起来就很难。在编教材的过程中，如何将新的知识与旧的知识结合，形成一个很好的逻辑系统，是个难点。

还有课堂的限制，课时太少了。因为学校不是根据学生水平来分班的，不同水平的学生分在同一个班，使得老师难以兼顾学生学习的差异性。有时分组教学，用"相互教学法"，但是"相互教学法"并不适用于每个学生，用得太多学生也会觉得厌倦，总之就有很多限制。老师要备课，要花很多时间才做得好。如果全班的水平都不高的话，就不容易看到学习效果。这一套在外国适用于水平较低的学生，但是用于我们学校水平较低的学生效果不一定很好。因为他们，连浅白的文字都理解不了的话，就很难学到深层次的东西。我觉得运用"相互教学法"，水平高一点的学生才能做到。全班学生的水平都不高的话，就没有人带领其他同学提出新的观点或方法来。

另外，考试对我来讲也是好的方向。考试让我们明确教学目标是什么。老师了解考试是怎样的，然后找到一个模式，进而促进学生对课文的理解，其实是好事。我们会根据考试找到一个好的系统与框架，帮助学生理解课文与应试，所以考试不一定是坏事。但是有时候太强调考试，就会本末倒置了，被考试"绑住"就是一个问题了。

研究者：反思自身的教学，您认为哪些因素对自己的专业发展影响最大？

区老师：我首先想到的是能够有机会学习如何做单元教学，这对于我的专业成长有很大影响。以前的老师教课文一般都是讲读，自己也是这样学的。当时的科主任教我做课程设计，但我不知道怎么去做，对我来说是一个很大的挑战。当我做了几年课程设计，再读教育硕士的时候，就明白了很多。

在阅读教学方面，香港大学的罗教授对我的影响是很大的。即使我现在不用"相互教学法"了，她还会经常问我为什么我要这样教。她经常问你这样做的目的，你就会反思了。她还经常给学生发放调查问卷，我觉得这种方式也很好。

我觉得，人生中有这么一位导师帮助我成长是很重要的。还有一位老师，香港大学的陈教授，他是做知识平台教学研究的。我以前教书不知道这么多理论，教完一篇课文，也不会想这么多。教师用书里有什么内容，我教完了就算完了。但是她经常会问我："如何扩充教学的深度与广度呢？"我就会反思很多。我觉得这是很大的挑战，但正因为是很大的挑战，所以我要做得更好。

另外，老师与学生是平等的，很多知识我也不懂。因此放低身段与学生一起学习也是老师提升自我素养的一种方式。有些学生接受罗教授的访谈也说，老师和我也是一起学习的，老师不一定是最权威的人。我教学生学习的框架方法，但是有些东西也需要学生来教我或者请教其他老师。这次教学经历，我觉得很好。为什么好呢？因为我们有怀疑的精神。学问就是，别人讲的不要全盘接受，要有自己的思考与看法，这样你才能成长。而且，我觉得最重要的是，学生会主动去问问题，然后自己去解决问题。

吴老师访谈录

一、关于个人成长

研究者：请您谈谈自己的学习经历。

吴老师：我从小就喜欢教师这个职业。我的父亲以前在内地做老师，他很重视对我语文学习能力的培养。我小时候就非常喜欢看书。小学一年级我在浸信会吕明才小学读，二年级转去了别的学校读。中学转入东华三院冯黄凤亭中学。

我的中文从来都不需要复习，考试都是全年级第一，最差的是数学。所以我的目标很早就定下来了，自己选定了文科，读文学，去香港中文大学读中文专业。后来，我按照自己的想法走自己的路，也挺成功的。小学对我影响很深的都是中文老师，我最喜欢的也是中文老师。他们教书认真，对学生负责，课堂也很生动。

我的学习成绩比较平稳，在学校每次考试都是考得最好的人，每一年都会拿奖学金。当时小学老师的教法是每一段、每一句都解释的那种。前年，我教中四的文学，就是用以前中四老师的教法来教。当时香港文学课程还没有改革，跟我读书的时候一样，甚至连课本都是一模一样的。所以我把自己以前上中四的课本拿过来作为教师用书，一模一样地教，连当时写的笔记也全部用上了，教学效果非常好。我对中文非常偏爱，把自己中学时的中文课本全部都保留了下来，而且书本一定要很干净，字也写得很整齐。如果有同学找我借书，中文书我是不肯借的。小时候父亲不会特别教我，都是自己去看书。因为家里小孩很多，我每次都是自己读书。母亲忙做家务也没空辅导我。

大学对我知识的积累影响很大。读大学时，我做了很多中文专题方面的研究。大学每年要读四个专题，我读得比较多的是现代文学专题。现在想想有点后悔，觉得当时没有好好学习古文。当时的大学老师很多都是很有名的老师，他们的古文底蕴是很深厚的。有些专题是楚辞或陶潜的诗，我都稍有涉及。如果现在跟学生讲屈原的诗，我会讲得好一些。这也影响了我后来读硕士时的选择，我选了更多的古文专题来读。等到自己教书时才知道，原来有那么多的知识都不懂。

我是在 2001—2004 年读的本科，2004 年读了教育文凭，2008—2010 年读了在职硕士。我本科在香港中文大学文学院中文系读的，专业是中国语言文学。我是以 99 分的高分毕业的。

研究者：请您谈谈自己的教学经历。

吴老师：2005 年，我来到这所学校教书；2008 年，开始做副科组长；2011 年，当科主任。学校的语文校本课程有五个重点，我是实施得比较好的老师之一。领导多年来观察我，认为我把学校课程贯彻得很好，也可以带领同事一起成长。

二、关于语文教学

研究者：请您谈谈有效的语文教学方法。

吴老师：板书图，我觉得是非常有效的。以前我读书的时候，没有板书图，老师说什么就写在黑板上。板书图是学校的简老师与黄老师研究出来的方法，有了板书图之后，学生对内容的理解会更加清晰。板书图都是由每个老师自己做的。集体备课的时候，说课的同事会把自己的板书图拿出来讨论，其他人可以在这个基础上改进。

另外，我认为"整体感悟"这个方法也很有效。以前有老师在教学时会让学生先看第一段，再看第二段，这会让学生对课文没有整体的感知。我觉得一定要让学生通读一遍全文，才能对文章有个大概的印象。字词的表面意思与深层意思都要弄懂。如果弄懂了，对文章的理解也就没有问题了。而且一定要多看书，阅读其实是一种习惯。平时很少看书的学生，他的阅读理解成绩一定比不上那些经常看书的人。我小时候读的书多，理解文章也比较深刻，所以阅读理解成绩比别的同学要好。

研究者：请您谈谈与内地语文教师交流的感受。

吴老师：内地老师为什么教得那么好，香港的老师为什么不能把它变通一下来运用呢？其他学校的老师都是一段段地教课文，不是在教能力，我觉得内地的教学就是教能力。我常常在内地听课，广州、佛山都去过，觉得内地老师的课讲得非常精彩。我喜欢佛山老师的教法，比广州的老师教得好。他们的教学方法很活，广州的老师串讲得很多，南海的老师让学生常思考。初中和高中的课我都听过，都很好。有位老师教古文，我觉得精彩的是，这位老师就像一本活字典，学生提问的古文解释，全部可以解答。我觉得香港的老师肯定达不到这种水平。学生有时候提一个问题，老师也不会回答。内地老师上课的时候不用拿书，学生举手问这句话是什么意思，那句话是什么意思，一堂课就过去了，老师认为这篇文章已经教完了。内地老师的专业知识很深厚，学生的知识储备也很丰富。如果学生水平不高的话，就提不出那些问题，内地的老师很厉害。有一次我们学校邀请一位得奖的内地老师过来教学，内容是我们认为最难教的一首香港本土的现代诗，但是内地老师教得很好。我把他上课的过程都记录了下来。

很多时候，我想把内地老师的教学模式一模一样地套用过来，因为他们有些环节很精彩。我上《散步》的时候，有一个部分就是学习佛山一中一位老师的教法。这篇课文佛山一中的老师也教过，我觉得很好。其中"改题目"这个环节很好，我就在我们学校试了试，但效果并不好。因为学生的水平较低，相差太大了。字词推敲环节，我也是跟内地老师学的。内地的语文课，全文串讲的很少。不像香港老师个个讲得这么声嘶力竭。内地学生不懂就问，这样就可以把一篇文章上完，我觉得好厉害。内地老师教鲁迅的《雪》，会先播一首歌，差不多五分钟，就让学生解释雪是什么样子，作者为什么要这样写，就完了。我们香港老师教书把声带都教坏了，因为全部是我们讲。我们要学这种模式，我们不讲，学生能不能掌握呢？我希望我们可以学习他们的做法，我们不用多讲，学生都可以理解，我觉得这样就成功了。

研究者：为什么觉得内地的老师讲得不多，学生却可以理解呢？

吴老师：因为内地老师感情丰富，他们的朗读、过渡都很好。例如，怎么从第一步跳到第二步，所设计的每个部分都不是割裂开来的。从第一部分引入到第二部分，中间过渡得很自然。朗读的话，香港老师一般都没有。原因有二：第一，老师们很害羞；第二，香港学生不能接受，因为他们很少朗读。可能你在香港其他学校听不到学生读书的声音，我们学校算好了。学生自己也不读，老师也怕读。但是内地的老师用感情去感染学生，我觉得这是他们天生的本领。

陈老师是从内地过来的老师。我听过很多次她的课，虽然她是新老师，但是我非常喜欢听她的课，我会向她学习。她讲到世间最美的事物，讲到托尔斯泰这个人时，差不多要哭了，很有感情。我觉得请她来教书的话，别有一番风味。情感表达方面，内地的老师表现得很好，请他们来交流，我觉得可以学到很多东西。内地的老师很有自信，课堂是属于他们的。他们上课拿支粉笔就可以上去写了，没有课本也很好。我们香港的老师就是字写得不漂亮，香港的学生要求太高，他们就喜欢多元化的东西。没有图片，他们就说闷。没有动画，他们也说闷。还有我们的感情不够丰富，课堂很闷，为此，我们只能够让 PPT 上的色彩多一点。我觉得内地老师如果很有感情地上课的话，香港的大部分学生就可以认真地听讲。有一次，我去隔壁的学校听课，一位内地的特级老师来上课，我觉得他运气很差，因为学校挑选了一个最差的班给他来上，那位老师讲得很有感情，但是全班学生都在睡觉，后面很多听课嘉宾也觉得没有办法。

我想学内地老师的方法，但是也要看学生的水平，要调整改变后运用，以适合香港学生的特点。内地的学生从小就培养了学习语文的习惯。香港的学生，现在可以开始培养，但要花很大气力。学生刚来我们学校的时候，老师有感情地朗读课文，他们全都笑了，笑得不得了。内地的学生朗读也很有感情，所以是习惯的问题。内地学生多，他们只有竞争才有书读。而在香港的高中，每个人进来坐六年就可以毕业了。内地要考试，要考重点学校，学生非常努力。香港学生非常有创意，他们想象的东西，老师可能想不到。内地的学生很听话，基础很好。我们学校有很多内地来的学生，他们真的比本土学生学习勤奋得多。

三、关于专业成长

研究者：反思自己的教学，您认为哪些因素对自己的专业成长影响最大？

吴老师：我觉得教学反思对我的影响最大。自己教完了之后，学生的反应我是知道的。学生的听课表现、作业情况也会促进我改进教学。上完课之后，我自己会回想，如果加这个环节比较好，明年就改，就会有进步。如果学生作业做得不好，我认为就是我教得不好。当然我要衡量，如果每个学生都做得不好，那肯定就是我的问题，我就会反思。

还有一个重要因素就是学校的教学管理。我们学校的"推门观课"制度对我的影响非常大。每次上课我都会有心理准备，因为随时随地会有人来听课。我就要准备充分，不能马马虎虎。这样的政策使得我们中文组老师的教学能力迅速提高。别人来听你的课，给你的意见，你要听取，要改变，这个对你的成长有非常大的影响。而且，我们学校也有公开课，和内地一样，几百人坐在教室里听课。我们每一个同事，如果经历过公开课，一定是有很大提升的。因为老师首先要备课，很多同事会提建议，老师经历过也就成长了。

研究者：您是如何指导新手老师教学的？

吴老师：主要是听课，也有上示范课。最主要还是通过学校的听课文化去帮助他们。刚开始我会把教学重点在开会的时候讲一下，让他们有个大概印象。但是怎样落实，其实是很模糊的。所以先安排听课，他们先听同事的课，我再去听他们的课。

我们学校的听课，除了本校的老师互相听课之外，还有外校的老师来听课，有时我们也会出去听课。我们上课除了面对本校的领导、同事，也要面对外来嘉宾。每年一次外出交流，中文组同事全部一起行动。我们去过新加坡，也去过广州、佛山、深圳、北京。外面的老师讲课讲得很精彩。我们还去过清华大学听课，学习关于教育发展的议题，等等。

我在外出听课的过程中，也会思考学习别的老师的教学方法。例如，有一次一位内地老师教了一首关于母亲、母爱的诗歌，我觉得好感动。他让学生想一想，母亲平时是怎样对待自己的。在一个老师预设的环境里，学生就容易投入到这个情境中。我觉得这个老师把学生的心抓住了，整个气氛控制得很好，学生很容易被感动。

后来我上公开课《也许》，也用了这个方法。这首诗表达了一位父亲对女儿的怀念。因为没有这样的经历，学生很难投入。在教学时，我放了一段音乐作为背景。然后告诉学生，现在想象有一位父亲站在女儿的墓前，回忆起女儿在他面前跑来跑去。学生一边听这段音乐，一边听我念这首诗。这首诗，我自己练了很久才有感觉。上公开课时，我把这首诗很有感情地读出来，学生闭上了眼睛，听完之后，也感受到了父亲的心意。这是我学习内地老师的教法。我觉得内地老师有很多这样的教学方法，引导学生表达自己的想法，在学生回答问题之后，还会进一步引导学生。

研究者：您认为影响新手老师成长最关键的因素是什么？

吴老师：反思。如果你教了五十年，从来没有反思，你会始终觉得自己这一套是可以的，那你这五十年都没有成长。还有一定要接受批评，如果有人经常批评你，你就觉得很气愤，那一定成长不了。一定要多听听别人的评价，这是成长必经的阶段。

研究者：您以往的批评来自哪里？

吴老师：一定是同事，他们比我资历深，他们的批评不是恶意的。他们说过我做得不好的地方，我改过之后就进步了。我从来不会介意，谁都不会那么完美的。"你这点很好""你刚才写板书的时间太长了，背着学生写，学生做什么你都不知道""课堂的气氛不连贯"等，我觉得这些意见都很好。

学校的科主任和驻校的内地老师给我的意见也很好。驻校老师每次来听我的课，都会给我提一些建议。他说你刚才这样教可以，但是有学生没有反应，不如你这样去教吧，然后传授我方法。我试过他的方法，教学效果确实更好。例如，我在教学诗歌《也许》时，驻校老师建议我，教学的时候可以把焦点放在对副题"葬歌"的解读上。因为"葬歌"可以体现诗歌的内涵，这是悼念女儿的诗歌，所以他强调对"葬"字的解释。后来我就把"葬"字以动画的形式呈现出来，上面是草字头，下面也是草，解释为死去的人躺在草与草之间，学生也就明白了。

附录二

余老师课堂教学实录（节选）

师：今天我们学习第二单元。（板书：感悟自然）

为什么用"感悟自然"而不用"融入自然"呢？因为融入自然强调身心融入，不能很好地反映文章的表达思路。用"感悟自然"则可以清晰地反映出来，因为"感悟自然"，首先有个"自然"，才可以"感悟"，这就是本文写作的思路。（板书：自然—感悟）

师：我们读书也是这样，读古诗时，不是有"借物抒情"的手法吗？这个"物"，无论是常春藤也好，是蝴蝶也好，要读懂它，你要读出它的特征。（板书：物、特征）

师：有了这样一个特征之后，你才会赋予它含义。（板书：含义）

师：比如说，我们经常说梅花，它本身是在冰雪中开放的，有了这种特征，诗人才会去写它。梅花傲霜斗雪，它的含义就是这么来的。不同的人对这个特征的理解是不一样的，原因就在于诗人的不同人生际遇。（板书：人生际遇）

师：诗人的人生际遇决定了他的理解，所以我们要明白这一点，这是第二单元我们要解决的重点。第二单元，我们首先要解决的就是这个"物"，了解它的特征。先理解这点，理解了之后再联系作者的人生际遇，即写作背景。根据背景来理解它的含义，这样就更明了了。我们学的第一篇课文是《囚绿记》，已经预习了，可以讨论了吗？

生齐答：可以。

师：今天应该是第4组。

生：我们小组探讨了7个问题，解决了5个。

生：首先是第 28 页最后一段的最后一句说到了"毫不犹豫"，能否说明作者做这个决定是经过深思熟虑或者是凭自己一时喜欢的呢？我们讨论的答案是不能说明的。在第 3 自然段中，出现了"终于"这个词，说明了作者的决定是经过深思熟虑的。

第 2 个问题，第 29 页顺数第 4 段的第 3 句中说到"我拿绿色来装饰我这简陋的房间，装饰我过于抑郁的心情"，作者为什么会抑郁呢？这绿色对作者的心情起到了怎样的"装饰"作用？这与当时的背景有关，祖国处于危难之际，作者是一个爱国之人，他为祖国担忧，因而感到抑郁。这与作者不屈于黑暗、追求光明，有相同的感觉。

第 3 个问题，作者特别喜欢绿色，难道它有什么深刻的意义吗？我们觉得因为绿色能抒发作者对光明自由的向往之情，以及对黑暗的不屈之情，所以特别喜欢绿色。

第 4 个问题，第 29 页正数第 2 段的最后一句，作者想借此表达什么？又为何有此感慨？我们结合当时的背景，从人与自然分析，人属于自然的一个部分，因为上文曾提到作者怀念绿色，而绿色既是生命，又是希望，既是慰安，又是快乐，所以他十分喜爱。

最后一个解决的问题是，"囚"字向来是不好的意思，题目用"囚"字有何意义呢？这对表达作者的情感有何意义呢？如果将"囚"字改为"留"或"困"，表达效果是否又会不同呢？又有何不同呢？我们讨论得出的答案是，常春藤总是向着窗外生长的，作者如同用一个牢房将它困住，所以用"囚"字。"囚"有强烈的强迫感，根据当时的社会背景，作者用"绿"来比作自己。

师：还有一些没能解决的问题，如既然作者可以不离开北平，可以与他喜爱的同窗和"绿友"一起生活，为什么他最后还是要离开北平呢？仅仅是因为卢沟桥事件的发生吗？还有第 29 页倒数第 2 段说这绿损害了"我"的自尊心，"我"却为何囚系住它不愿放手？这些问题留给全班同学一起讨论。

师：为什么要留在北平？

生齐答：他是一个爱国的人。

师：他留在北平不能爱国吗？在文中能不能找到原因？

生齐答：担心"我"的朋友惦记着"我"。

师：因为卢沟桥事变发生之后，那里就被日本人占去了。那么，一般有两条路，要么走，要么和日伪合作。如果你作为一个中间人既不跑，也不合作，普通人是可以的，但是他作为作家，经常出版书籍的，在社会上已有影响了。有影响的人，只有两条路可走，要么跑，要么跟人家合作，不合作的话，只有逃，所以不能留在这里。另外，既然他把"绿"看作是光明、希望，自己这么喜欢，为什么要把它"囚"住？有没有小组讨论？

生齐答：有。

师：你们解决没有？

生：没有。

师：有没有小组对这个问题讨论出了结果？这个问题是现在讨论，还是等会儿再讨论？

生齐答：等会儿。

师：下一个小组。

生：老师，刚才那个"囚"，我们认为常春藤就像祖国，枯叶就像北平危机。作者是一个爱国的人，希望它生命力顽强，希望它面对危难还会变强，更加强大，枝繁叶茂。

师：按你的思路，就有两个身份了。第一个身份是日本侵略者，第二个身份是爱国者。这种转换太快，像变脸，这个问题没能解决。为什么有这种思维呢？因为我们把背景扣得太早。我在一开始就跟大家讲，首先是特征，其次由于不同的人生际遇，在理解特征的时候是不一样的。你看同样是梅花，陆游觉得它很可怜，毛泽东却觉得梅花有雄心壮志，理解是不一样的。同样，我们在理解"绿"的时候，先不要那么快联系背景。这个问题先留着。这个背景先跨进了一步，跨得早了一点，还有一个中心没解决。

生：可不可以补充一下？"绿"代表着和平、宁静，而在战火岁月中，作者"囚"住它，就是想给心灵一个安慰。

师：给心灵一个安慰？

生：对。

师：这个理解对。正因为想给自己心理安慰，所以才把"绿"困住，看到了它，就看到了希望、和平。很好。还有没有要补充的？下一个组。

生：我们小组讨论了 9 个问题。其中已经解决的第一个问题是《囚绿记》这篇文章所表达的思想感情，结合练习册第 29 页，"开篇点语"的倒数第 2 自然段，"《囚绿记》写于抗战爆发之后，表现了对祖国山河沦亡的感叹与对民族气节的礼赞"。

师：关于这个问题，你们自己的理解呢？你们是否同意这样的看法？能否从文中找到依据？

生：第 30 页，作者说"我把瘦黄的枝叶放在原来的位置上，向它致诚意的祝福，愿它繁茂苍绿"，把常春藤喻为祖国，对它表示祝福。这样也是呼应前文，对常春藤向往阳光的民族气节的一种礼赞。第 12 段，"我计算着我的归期，计算这'绿囚'出牢的日子"，为什么作者要计算它出牢的日子呢？我们的理解是一个人占有一样自己喜爱的礼物，一定是占有它到一直到无法占有为止。然后是 29 页第 5 段，为什么作者这么喜欢绿色，看到绿色这么兴奋？难道他的生命都是黑白的吗？答案在第 5 段第一句，我们首先要明白绿色的重要性，它象征着生命、希望、安慰和快乐。而结合背景，当时作者在上海孤岛坚守进步文化阵地，他的心情是茫然的，孤立无援。当时他的心情压抑，不可能说像绿色那样有朝气，尽管他也是向往绿色的。

师：我们要结合背景去理解。有时候我们看一篇文章，不可能马上找到背景，就只能从文本里面找。文本里面有没有相关的话？

生：有。"我疲累于灰暗的都市的天空和黄漠的平原，我怀念着绿色……"

师：因为他生活在灰暗的都市和黄漠的平原。我曾听一个北方的老师说，北方到了秋天，全部都是落叶，整片山都是灰黑色的，整个冬天都是这样。如果下雪了，就全被雪盖住。当春天一到，绿芽一出来，你是非常喜爱的。那种喜爱是发自内心的。我也听说过有个老师去新疆旅游，四周都是山、石块，没有看见水，也没有看见绿色。好不容易看到一棵树，那种喜爱也是发自内心的。所以这句话，要从文本里找。当然，我们通过背景可以加深理解。

师：要非常注意的是，我们很自然地带着背景读下去，然后再理解，应先从特征入手去理解。我们刚才提到的绿的本身是什么，所以就把它当作什么。这种理解和思路就是对的。

…………

师：从题目上看，"记"就是一种记述。从内容上看，写的是囚绿的过程，就这么简单。我在北京住过，曾"囚"过一只壁虎，让它和我一起住。后来我离开了，一年以后我还是很怀念它。为什么这篇文章我们觉得好读？因为它采用的是描述的写法，非常细致。其中作者把自己对"绿"的喜爱写得非常清楚，我们可以感受得到。为什么他会对"绿"这么喜爱呢？因为"绿"具有象征意义。（板书：囚绿记、描述）

师：如果故事只到此为止，那只是"我"对绿的一种喜爱。"绿"到底象征什么？（板书：绿、喜爱、象征）

生齐答：生命、希望、安慰、快乐、自由。（板书：生命、希望、安慰、快乐、自由）

师：还有什么？

生：光明。

师：用他的话是怎么说的？能不能找到这些？用"光明"这个词合不合适？它长的时候总是向阳长，所以它是向往光明的。（板书：向往光明）

师：还有一句话，把它找出来，"永不屈服于黑暗"。（板书：永不屈服于黑暗）

师：这是作者提出来的绿的象征意义。如果这篇文章是你写的，你从常春藤中感悟到了这么多，于是把自己的理解写下来。但如果我们把作者对常春藤的理解放到一个大背景中，这个大背景是什么？

生齐答：抗日。（板书：抗日）

师：放到一个大背景下，有什么时代意义？有鼓舞人的意义，所以我们应注意到作者的写作意图。（板书：写作意图）

师：作者用他的表达方式努力地描述这个绿及其象征意义。如果我们读到这里，就知道是他对常春藤的一种理解。当我们说作者的写作意图时，就要先了解他是在抗日的大背景之下写了这篇文章，意义在于给人以鼓舞。（板书：鼓舞）

师：鼓舞人们什么？向往光明与自由，永不屈服于黑暗。从另外一个角度讲，作者鼓舞人家怎么做，为什么直接写出来？打倒日本帝国主义，我们要与日本帝国主义战斗到底，把日本帝国主义赶出中国。为什么不写这么明白？这是因为怕被抓，他的背景不允许他明言，所以他采用的是这种委婉的方式。我们看到他这么去写，是因为时代不允许他这么直接地表达，因为他主要是在上海的租界活动，有一点点自由，但不是完全自由。所以他不像国民党统治区可以直接讲。另外，我们再想想，他没有直接说，他放在这个背景上写，这样写比直接说有什么好处？他只是写"我"和常春藤的故事，以及常春藤给人的启示。而不是直接说，我们要反抗日本。这种方式相比直接说好处在哪里？大家讨论。

（学生讨论）

师：作者不直接说，而是借用常春藤来表达，这种方式叫什么？

生齐答：借物抒情。（板书：借物抒情）

师：借物抒情对比直接讲，它的好处、意义在哪里？刚才我们通过讨论，能不能说出一两点。第一点我们已经说了，因为环境迫使他不能直接说，还有没有其他的？

生：直接说打倒日本帝国主义这些是比较空洞的。口头上说，行动上却没有什么效果。如果作者这样写的话，比较容易引起大家的共鸣。

师：他觉得这样写比较形象，容易产生共鸣。（板书：形象）

师：形象的东西容易产生共鸣。（板书：共鸣）

师：还有没有别的？

生：托物言志。（板书：托物言志）

生：他就是想借绿向上的精神，表达自己的一种情感，不服从这种压迫。这样写比直接写好，因为直接的话，好像把自己的感受强加于读者。如果这样委婉表达，可以让人从他和常春藤的故事中受到启发，发自内心地去探秘。

师：从故事中得到启发。

生：我觉得也是一种共鸣，我们在读古诗的时候，假如诗人写思乡，他不会直接说很思念自己的家乡。他会通过描写月亮来表达，或者去登高，只有一个人去登高。以此使读者产生共鸣。所以我觉得借物抒情也能起共鸣的作用。

师：他通过这样一种生动描述，容易引起读者的共鸣。还有没有？

生：我觉得他是从更深的层面来理解这个形象的。

师：这个更深的层面是指？

生：例如理解思乡的话，就用一种东西来代替它，更深切地表达自己的心情。

生：我也同意他们的观点，这样的话整篇文章让人比较容易接受，发人深思，从而受到鼓舞。因为当时的人们没有反抗的这种意识，作者只能从侧面去引起读者共鸣。

生：我觉得是以小见大，这么小的生物都可以努力地追求自己的生命，不让自己变得枯萎。而当时的中国人好像一盘散沙，觉得这是国家的事，觉得和自己没有多大的关系。但是通过读这篇文章，就会知道日本人可能会威胁到自己的生命，切切实实感受到了威胁的存在。一棵小草尚且这样，何况是人呢？（板书：以小见大）

师：套用一句古文的句式。（板书：藤犹如此，何况是人）

师：所以意义就在这里，他为什么写得那么形象？因为形象，容易产生共鸣，引起人们的联想。常春藤尚且能够做到这样，何况人呢？那为什么他要这么写呢？因为在日本帝国主义侵略中国的时候，有相当一部分中国人是懦弱的。他们有些人是抱有幻想的，有些则是持反抗的态度，还有些是想借此机会捞点好处。这样的情况就是不见得所有的人都同仇敌忾地想去抗日。对拼死抗日的人来讲，它的作用就是鼓舞，永不屈服于黑暗。对那些想抗日又不敢行动的人来说也象征着希望，虽然想但是不敢去做，给人带来一种安慰。还有一种人可能没想过抗日，因为觉得灾难还没有到自己头上来，还过得不错。对于这种人，这篇文章有没有意义？

生齐答：有。

师：有，它的意义在于在他们的心中种下一颗向往光明、永不屈服于黑暗的种子，并等待着这颗种子发芽。用文学的形式形象地表达，其适用性大。所以我们看到背景的意义在哪里？就在这里。他把个人的感悟变成了适用面更广的宣传，所以他的写作意图就在这里。

　　还有一点我没有讲到的，就是写法。作者写绿的时候，以非常真实的方式去写，这个不容易，要有很深的功底的。我们讲一个比喻，用模拟的方式来理解它，在我们拍打仗电影的时候，从来不直接拍打仗有多残酷，总是拍指挥部，你来我往的电报，指挥部气氛很紧张，战争总是在炮声中结束。后来的电影就不这么拍了，美国好莱坞拍的战争画面非常逼真。我们看《诺曼底登陆》，连子弹从哪个位置穿进来，这种真实的画面都拍出来了。为了达到这种真实，摄像机完全在水里面，追着海浪的涌动，像是用眼睛直观看到的。很真实的描述，让人很真切、很真实地感受，从而引起读者强烈的共鸣，这是《囚绿记》的写法。到了我们学习《捕蝶者》时，作者就完全用写真的方式来写它，所以你们预习《捕蝶者》的时候，要努力感受作者的写真形式。如果说《囚绿记》的作者在写的时候，很直白地告诉我们他想表达什么，那么《捕蝶者》就是把真实的画面给我们看，就好像在看电影，使我们自然而然地理解作者想要表达的意图，所以要努力揣摩作者的写作意图，这样才能读懂《捕蝶者》。

马老师课堂教学实录（节选）

师：今天我们学习贾平凹的《秦腔》。（板书：《秦腔》、贾平凹）

师：大家读过他的作品《丑石》没有？（板书：《丑石》）

师：贾平凹是当代很有影响力的作家，文学成就非常高。还有余秋雨等作家，他们的作品都值得读一读。我们今天学的《秦腔》是文化散文。（板书：文化散文）

师：大家看到教材第101页，"单元知识"里专门介绍了"文化散文"。这类散文现在是比较受关注的，应该说是思想含量比较高的一类散文。20世纪90年代初，一批带着浓厚文化底蕴的散文出现，它们探索中国文化的历史，反映了中国人的审美历程。我们现在的散文谈人生、亲情、做人，这一类的散文大家读得比较多。文化散文则更有深意，视野更广阔。文化散文的代表人物有余秋雨等，他们都是有影响力的作家。我们今天讲的这一篇散文同学们应该都预习了，读过之后，有什么感觉？很热闹、人很多。还有什么感觉？谈谈你们的感受，即第一印象。

（按学生的座位号依次发言）

生：这篇《秦腔》读起来比较朴实，以前读的散文都是优美飘忽的感觉，这篇读下去感觉很踏实。

师：有生活的气息，很亲切。很好啊，读起来很踏实，大家说是不是？好像离自己不是很远。而有些散文文采斐然，辞藻华丽，空灵缥缈，高不可攀，是不是这样的？而这样的散文更有生活气息，它写的是生活。散文并不是闭门造车，凭空想象，堆砌辞藻，不是这样的。

生：读了这篇文章，改变了我对散文一贯的观念。我印象中的散文都是辞藻华丽的，而这篇语言通俗，有生活气息。

师：你跟她的感受是一样的。

生：这篇散文的描写比较生动，我们可以知道作者在表达什么。

师：他写了一些生活的细节。

生：我觉得它与我们平时读的散文最大的区别在于，细节描写与动作描写非常丰富。

师：丰富来源于对生活的观察与体验。

生：我觉得最大的不同是他写的主题，以前我看的散文都是写个人情感的，这篇是写秦腔文化。

师：他写的风俗、风情，与以前的主题不一样。

生：作者比较贴近生活，对民俗很了解。

师：不但熟悉，还要喜爱，很热爱它，才能写得这么生动。

生：这篇散文用另外一种方式给大家介绍了人们不是很熟悉，但是很重要的文化。

师：对，不是很熟悉，但是很重要的。

生：然后用生动的、很吸引人的手法，把它介绍给每个人，让我们有兴趣去读。

师：这个领域是我们很熟悉但很容易被忽略的，也是很重要的。近年来我们讲的非物质文化遗产，很多都是民俗，现在有专门的组织保护民间艺术的传承。我们非常熟悉的作家贾平凹现在就从事这个工作，他还把卖画获得的钱捐出去，保护我们的文化遗产。风俗中蕴含着我们宝贵的中华文化，是一笔财富。很多艺术门类，现在传承下来的很少，慢慢就销声匿迹了。我们要非常重视，例如昆曲。（板书：昆曲）

师：《牡丹亭》就是非常经典的昆曲作品。现在改革开放，年轻人喜欢追逐潮流，对经典的、传统的东西已经不感兴趣了，这些宝贵的文化遗产正在销声匿迹。秦腔是秦地的一种戏曲，历史悠久，但是很多人对此可能不是很熟悉，只有当地人比较熟悉。就像我们的粤曲，你们应该都会唱啊！现在在卡拉 OK 或在家庭聚会等场合都会唱，这就是一种地域文化。她刚才说得很好，很容易被忽略，但是很重要。《秦腔》跟我们以前读的散文不一样，这说明一个问题，我们读的散文太少了，或者是面太窄了，太单调了。散文有很多种，我们应该多接触一些我们不太熟悉的。这篇散文写得非常大气。（板书：大气）

师：大气表现在什么地方呢？我们在读文章的时候，多少会感觉得到。大气是怎么体现的呢？《秦腔》为什么和以前的散文不一样？现在我们来读这篇文章。《秦腔》写的是戏剧，大家没听过吗？我以前在晚会上听到有人唱过。我从网上下载了一段，大家听听有什么特点？与你所熟悉的粤曲是不是不一样？内容听不听得懂没有关系，主要听这个感觉。

（老师放音频）

师：希望大家听了之后对文章更有兴趣。有什么感觉？比如旋律、唱腔。能不能找出秦腔的特点？

生：比较高亢。没有江浙的软。

师：听起来比较硬，你感觉还挺准的，不错。文章里对秦腔的特点也有交代，比如"对话如吵架一样"，还有"震撼"，还有吗？看到第98页上面两段，第一段相当于快板，第二段相当于慢板。（板书：秦腔高亢激越）

师：慢板是什么？撕心裂肺、沧桑悲凉。（板书：沧桑悲凉）

师：我们体会一下，什么是苍凉呢？（板书：苍凉）

师：可能我们生活得太优越了，没有这个感受。但是我们可以通过其他事物来体会。如旭日阳刚唱的《春天里》，唱出了生命的执着、坚韧，还有一种苍凉感，那是一种对生活的体会。其实这篇文章主要是写什么呢？

生齐答：写人。（板书：秦人）

师：是写秦人对秦腔的热爱，对秦腔的感情，包括人与人之间的感情。关于这点，文章中有概括。

生：第96页"对待秦腔，爱者便爱得要死，恶者便恶得要命"。

师：谁"爱得要死"？

生齐答：秦人。

生："老一辈的能唱，小一辈的能唱，男的能唱，女的能唱；唱秦腔成了做人最体面的事。"

师：你长在这个地方，生在这个地方，你肯定要会唱秦腔。从整篇文章来看，哪句话是最具概括性、总结性的？

生齐答：最后一段。

师：最后一段，是全文的小结段。是这样表述的，"广漠旷远的八百里秦川，只有这秦腔，也只能有这秦腔，八百里秦川的劳作农民只有也只能有这秦腔使他们喜怒哀乐……还能有别的吗？"这段话用了好几个"只有"和"只能有"，表明了什么关系呢？

生齐答：必要条件。

师：对了。表示必要条件。说明秦腔在老百姓的生活中占有非常重要的地位。作者觉得没有更合适的词来表明秦腔的重要性了，重复了几次，很好地概括了秦腔在秦地老百姓心目中的重要地位。我们去西安旅游，导游介绍西安会来一句："八百里秦川尘土飞扬，三千万老陕齐吼秦腔。"（板书：八百里秦川尘土飞扬，三千万老陕齐吼秦腔）

师：他是用吼的，不是唱。这篇文章重点写的是秦腔与秦人、秦地的关系。在哪里交代的？前面的第二段。后面描写了秦人怎么看戏，对戏的痴迷的程度，那种细节。俗话说：一方水土养一方人。地域特征营造地域文化，而这种文化又是由什么构成的呢？由人的行为。同时也构成了秦人的特征。这到底有什么联系呢？大家在文章中找找看。从这些生活细节来感受他们的生活状态。

师：这篇文章写了哪几个方面的内容呢？

生齐答：秦地、秦人、秦腔。（板书：秦地、秦人、秦腔）

师：文章里写秦腔具有怎样的特点？

生齐答：高亢激越、沧桑悲凉。（板书：高亢激越、沧桑悲凉）

师：但是文章并不是主要写秦腔，而是探讨秦腔与秦地、秦人之间的关系。重要的放在前面，秦腔与秦地有什么关系？秦地有怎样的特点？文章中是如何描写的？

生齐读："一扶黄褐的平原……一统。"

师：写秦地的笔墨并不多，可以用什么样的形容词来概括？苍凉。在解读边塞诗的时候，经常说到这个词，还有吗？

生齐答：辽阔。

师：还有吗？

生：粗犷。

师：在讲地理环境的时候，可换成"空旷"，没有什么人烟。文中写到的土屋，可以用什么形容词形容？

生齐答：粗笨、庄重。

师：黄土显得很厚重，"厚重苍凉"可以概括出这个特点。（板书：空旷辽阔、厚重苍凉）

师：一方水土养一方人，文中写当地人大碗喝酒，体现出了什么？

生齐答：豪放。

师：还有吗？粗犷，也是人的性格。他们的性格怎样概括呢？应该从描写中概括。里面有个"二干子"，即为"憨厚""耿直""朴实""粗犷"的意思。（板书：憨厚、耿直、朴实、粗犷）

师：作者重点写秦人对秦腔的热爱，秦腔是秦人生活的五大要素之一，是他们精神生活中非常重要的，甚至是全部内容。通过写秦人爱秦腔，表现出了他们怎样的生活状态呢？第98页有非常生动的描写。第99页第8行，请同学读读，感受一下，这段描写说明了什么特征？这里有很多口语化的表达。

（学生朗读）

师：有点儿西北的味道，有几个词要正一下音。

师：这段话写出了什么特点？

生：这一段描写得很细致，石板上有什么都写出来了。还有一些人的一些动作、语言，也写得很细致。读下来给人一种很真实的感觉，好像是真的站在那里看戏一样。现场很热闹，有浓浓的人情味。

师：说得很好啊。看起来很混乱，混乱中却又觉热闹，热闹是一种人情味。大家是不是有这种感受？小时候看电影，大家都很早就搬个凳子去，然后找地方坐下来，虽然很拥挤，但是很温馨，有很浓的生活气息。文中对这个场面的描写非常生动，是值得借鉴的。有场景的描写，也有对个别典型人物的描写。非常真实，非常率真。恰恰是真实的生活，没有任何的矫情，这是贾平凹作品的特点。（板书：本土）

师：但是这种"土"，散发一种诗意，所以你读了以后会有不一样的感受。这种描写值得我们借鉴。

师：前面还有自编自导，家庭成员去演，不用专门的演员。作者整个写他们怎么痴迷秦腔，实际上写了他们的生活状态，把秦腔当作生活中的精神支柱。

生：我觉得他们是一种痛并快乐的状态。他们生活在西北地区，那么荒凉，生活很艰苦，但是他们可以从中找到生活的乐趣，这是一种精神食粮。

师：我们从描写中有没有感觉到"痛"呢？那是你认为他痛，但是他不觉得是这样。虽然环境和物质条件不好，但是他们非常乐观积极，这实际上是中国传统中的什么思想呢？知足常乐、乐天安命。（板书：乐天安命）

师：并且是代代相传，可以说秦腔是他们精神生活的代表，应该说生生不息。（板书：生生不息）

师：为什么他们这么热爱秦腔？并成为他们精神生活的主要内容？这反映了什么？

生："尤其是在这块平原上，生时落草在黄土坑上，死了被埋在黄土堆下"，虽然生活平淡，但是"秦腔是他们大苦中的大乐"。"他们有的是吃不完的粮食，他们缺的是高超的艺术享受"，高亢激越的秦腔使他们的生活充满乐趣。

师：说得很好，给点掌声。在作者的笔下，秦腔散发着一种张力，坚定了人们的信念，已经成为他们的精神家园。（板书：精神家园）

师：为什么秦人那么爱秦腔？秦腔代表着一种共同的文化。文化不是一种高深的理论，不是一种资料，它存在于老百姓的衣食住行中。比如过年也是一种文化，"年文化"。过年放鞭炮，正月十五吃元宵、看花灯，清明节扫墓，端午节赛龙舟、吃粽子，这都是文化。我们现在比较重视传统节日，传统节日的气氛比较浓。

在秦地，秦腔对于秦人而言就是一种文化。这种文化是生存的根本，知道自己从哪里来。这些地域文化是我们非常宝贵的文化遗产，它代表着一种精神，并且无论到哪里都不会改变，是大家共有的一种价值观。

本文视角很开阔，作者的关注点很广泛，他不仅关注生活中的小事情，还关注这方水土的生存哲学、状态，但他是从小的角度来写的。我们写作，主题要大，意义要高远，写作的角度要小。这篇文章写秦人如何爱秦腔，小的生活场面写得非常生动。这种散文才能穿透历史的苍茫，达到一种大的境界，而不是空，读起来非常踏实。这点是非常值得借鉴的，大散文，小细节，小角度。为什么作者这样表现？作者对地域，有他的情感在里面。第98页"在黎明或者黄昏的时分……一起产生了"这一段，大家读一读。

（学生齐读）

师：作者心中涌动的是一种什么样的情绪？

生：看到秦人对秦腔无限热爱的震撼。

师：那种"强硬的气魄"是指什么？

生：生命力，还有民族精神。文中又写了"一个一个山包一样隆起的十三个朝代帝王的陵墓，细细辨认着田埂土，荒草中那一截一截汉唐时期石碑上的残字"，在历史沉淀中，秦地人民形成了一种乐天安命的精神，造就了粗犷豪放的秦地文化。

师：作者也是陕西人，有一种认同感、自豪感。前面说得很好，"帝王的陵墓""残字"，有着这么厚重的历史文化，这个地方的人又是这么朴实、坚韧。他作为这个地方的人，生在这，长在这，对这片土地有着深沉的爱。所以在他的笔下，才有这么生动的生活细节，蕴含了作者的情感。就如艾青"为什么我的眼里常含泪水，因为我对这片土地爱得深沉"。建议大家课后好好找找贾平凹的其他文化散文来读读。

谢老师课堂教学实录（节选）

师：我们抛开作者的写作背景，自然地阅读这篇文章。这篇文章所表达的情感，相信不一定要联系背景我们也会产生共鸣的。我们读一篇文章首先要看题目，读懂了题目，其实也就读懂了一半。"囚绿记"怎么理解？怎么断句？.

生齐答："囚绿"与"记"。

师："囚"是囚禁的意思，"绿"指绿色，那么"记"是什么？

生齐答：记叙。

师：我们把它理解成文体也行，像《游褒禅山记》那样，其实这篇是记叙性的文体。可以把"囚绿记"理解成作者"囚绿"的过程。读懂了题目，接下来我们要整体把握这篇文章写了什么。（板书：囚绿）

师：怎么来把握？基本的框架我们要知道，即每一部分写了什么。我们就以"囚绿"作为切入点，既然这篇文章叫"囚绿记"，那么"囚绿"就是一个重点，囚禁这一株常青藤。"囚绿"之前、之后又写了什么呢？我们看描写"囚绿"的是哪一部分？一共多少段？

生齐答：14 段。

师：按照大家的能力，不需要老师讲解得太琐碎，我们一起来看是什么结构。"囚绿"是从第 8 段开始写的，划分层次只是一个手法，不要太拘谨。有的同学说，我一直分到第 13 段，也可以。到"放"之前，一直"囚"。我们也可以分到第 11 段，即写"囚"的过程。常青藤在"我"的"囚禁"之下，发生了什么变化？之前与之后写的又是什么呢？分析结构能帮助我们理解文章内容。只要言之有理的都可以。（板书：囚绿　第 8—11 段）

生：写他在哪里住，为什么喜欢绿色。

师："囚绿"之后呢？

生：离开后，写对"绿友"的怀念。

师：对"绿友"的怀念。"绿"是一个中心，也是一个线索。作者对"绿"的态度是怎样的？请一位同学来说说。

生：第1—7段写的是他遇见了"绿"，接着是放走"绿"，最后是怀念它。（板书：遇、放、念绿）

师：这些与"囚绿"有什么关系呢？

生：他遇见"绿"，很喜欢，然后就"囚"住它。

师：那为什么不说爱"绿"、喜"绿"，而是"囚绿"呢？

师：他用很长的篇幅讲他是如何赏"绿"的。甚至可以把第1—7段分成两部分。第1—4段是以记叙为主，第5—7段是具体写他对"绿"的喜爱之情，对绿的欣赏。

师：前面7段是为了铺垫。为什么会囚禁这一株绿呢？前面写如何喜欢它，所以是"囚"。囚的过程中发现这株绿固执地向着阳光。在室内，它慢慢变黄。作者临走之前把它"放"了，"放"了之后又思念它。结构大体是这样。我们刚刚说完"囚"字，中心词是"绿"。"绿"是什么意思？在这篇文章里，"绿"有几层意思，文章表达了对绿的喜爱之情。

师：他为什么不叫"囚藤记"或者"囚常春藤记"。他不是"囚"藤，而是"囚"绿色的生命。绿色的生命不是具体的生命，而是抽象的。代表了什么？（板书：绿色生命）

生齐答：生命、希望、安慰。

师：还有什么呢？（板书：生命、希望、安慰）

师：这不是凭空来的，比如常春藤，他写了它什么特点？

生齐答：向阳、固执。（板书：向阳、固执）

师：象征意义是根据它的特点赋予的，比如火把，人们常常将其与光明联系起来。因为两者都给我们温暖的感觉。根据常春藤蓬勃的生命力，我们联想到生命与希望。因为它有向阳的特性，向往着光明与自由。它固执，始终要向着窗外，向着阳光的地方。有一种坚定的信念。这篇文章是在抗战期间写的，所以我们可以将其理解成不屈的抗战精神。（板书：向往光明、自由）

师：我让大家预习的时候，说过这样的范文与我们的高考范文很像。区别是它长一点，我们只要写900字。其实我们可以按照这样的结构来写。我记得上个学期有一篇作文《与绿为邻》写得很好，我打了很高的分。下面请写这篇作文的同学来说说。

生：我一开始写为什么会喜欢绿色，为什么会与绿为邻。然后我写了几个重要的片段，两个片段是比较详细的。第一个是我书桌旁的窗帘是绿色，用拟人的手法写。第二个是窗外的树叶也是绿色的。

师：你觉得《与绿为邻》与《囚绿记》在主题上有没有相似的地方？

生：有相似，都比较积极。我觉得我那篇比较轻松一些，这篇的绿也是在窗外，但层次比我的更高。

师：大家对他那篇《与绿为邻》有没有什么印象？相似的地方，他们都是以绿色作为线索来写，都是描写了对绿的喜爱，通过对绿的喜欢，表达了对自由的向往。绿象征生命、希望、安宁、和平，还是一种美好的颜色。《与绿为邻》是抒情散文，《囚绿记》是记叙性散文。《与绿为邻》主体部分也是很充实的，是写不同的绿带给他的触动，有详有略地写。而《囚绿记》以常春藤为线索，主体部分写了"囚绿"前后，还有作者的思想变化，很有层次。大家写作文的时候，一定要注意主体部分的变化跌宕。回去考虑一下，若这篇文章变成考场作文，哪里可以略写？哪里可以详写？

这篇《囚绿记》大家最喜欢哪些段落？我们来说一说。

生：第8段，我觉得作者很喜欢绿，喜欢到让他有了很自私的念头。我觉得是一个很现实的问题。

师：喜欢它，就想占有它。表达了普通人的情感。对一样东西爱到极致的时候，才会这样。

生：我觉得他通过绿色表达了对爱、年华的期望和向往。因为他借绿色来比喻这些。

师：请你读一读这几句。

（学生朗读）

生：我喜欢第5段。

师：你为什么喜欢这一段呢？

生：我觉得这段中描写的绿色很美，写出了作者自己的感情，令人有感触。

师：对绿色喜爱的那种感情。

师：你喜欢哪一段？

生：我喜欢第 7 段。这一段很细致地写出了作者在观察它的生长。如果不是喜欢的话，不会看得这么仔细。他写得很生动、很细腻。

师：这段写得很细腻。如果不是对它爱到极致，就不会有这样的感受。还喜欢哪些段落？

生：第 11 段。由于他的"囚禁"，常春藤慢慢枯了。但是他还是不想"放"它走，表达了他对常春藤的喜爱。

师：很不错。即使通过这种很极端的方式代表了对常春藤的喜爱，也写出了作者对"囚绿"的固执，写了常春藤向阳的执着。

生：我喜欢第 10 段，"它不了解我对它的爱抚……自尊心"，写得很好。

师：作者很细腻地表达出了自己的真实想法。

生："我为了这永远向着阳光生长的植物不快"，这句话透露了常春藤是向着阳光生长，朝着光明的。作者有一点妒忌它，也希望如它一样。

师：点评得很不错。是一种妒忌，它有，我没有，是对"永远向着阳光生长"的艳羡。在动荡的年代，在孤独陌生的地方，少有的光明、自由、和平、宁静，这株常春藤都有，作者透露的是一种妒忌的情感。

师：这篇文章对我们的写作有什么启示？我们写类似的文章要怎么写？

生：首先要写出自己的真情实感，要描写自己熟悉的主题。

师：有道理。你是如何得到这两点感悟的？

生：因为作者真正对绿色喜爱，所以才写得出。他一直住在这个屋子里，观察常春藤，对它有一定的了解，才会写得这么细致。

师：有没有道理？

生齐答：有。

师：你要熟悉描写对象，才可以写得细致。如果我写窗外的紫荆花，我可能会写得比较细，因为我对它很有感情。

生：文章的结构很严谨，用词很准确，读起来很舒服。

生：作者常写整句。

师：请你读两句。

（学生朗读）

师：再读一处看看。用整句有什么好处？

生齐答：显得文采很好。

师：文中整句的使用对我们来说有借鉴意义。同学们回去好好读一读，重点读第7—13段，并写一篇赏析文章。

鲍老师课堂教学实录（节选）

师：这段时间，我们讲散文较多。散文与韵文相较，句子长短不一。一直以来，中国古代用文言文写的文章，叫古代散文，即古文。"古文"这个词，从韩愈那时候一直用到现在，清政府灭亡后，"五四运动"产生了。开始用白话文写文章了，用白话文所写的文章，叫现代散文。现代散文又有游记、记叙文、描写文。现在我们根据内容来划分，有知性散文和感性散文。（板书：现代散文、知性散文、感性散文）

师：知性散文往往会有一些引发人思考的内容，有时候还会论事、论理，甚至讲一些人生哲理。（板书：知性、论事、论理、哲理人生）

师：感性散文以抒发感情为主，往往比较笼统。我们讲抒情，经常也会出现记叙、描写。因为抒情通常会借助描写、记叙来表达。（板书：抒情、描写、记叙）

师：一般借助这些手法抒发感情，比如游记，在记叙的过程中抒发感情，叫感性散文。若写一篇游记，以介绍一个地方的历史文化为主，就变成一篇知性散文了。

生：有没有混合的？

师：一定会有。知性散文里不可能没有感性的东西，一般都会有的。有两篇现代的散文，一篇是梁实秋的《书》，另一篇是余光中的《我的四个假想敌》。梁实秋的《书》属于知性散文，《我的四个假想敌》属于感性散文。什么叫散文？这里我要介绍，句子长短参差不齐的文章就叫散文，这是一种说法。还有人形容为"形散神聚"。（板书：形散神聚）

师：梁实秋的文章，题目为"书"。什么都讲一下，讲买书、爱惜书、书的香味以及读书的态度、方法。他把内容混合在一起，看上去很散，好像不同的菜炒在一起，但又好像不是，因为整篇文章都是围绕"书"这个主题展开。（板书：以"书"为主题）

师：形好像很散，但重要的是神，就是文章的中心点，都集中在"书"。我们读这篇文章的时候会告诉大家什么叫"形散神聚"。大家读中五了，老师会讲一些深层次的东西。

生：是不是叫"总分"？

师：有一点类似。

师："形散神聚"是人们形容散文的一个词。梁实秋的写作手法是大家以后写作时可以借鉴的一个很重要的方法。接着我们看一下，梁实秋的散文又有什么特点呢？（板书：梁实秋的散文特点）

师：你们可以将它和韩愈的《进学解》比较。他怎么做到"形散神聚"的？整篇文章如何环绕"书"这个主题展开的。第二问题是，梁实秋最著名的散文叫什么名字？最著名的散文集叫什么？

生：《雅舍小品》。

师：先讲讲梁实秋的背景。梁实秋是个很博学的人，他的中文和英语都很好。就他的英语来说，有两点可以证明：一是他编英语字典；二是梁实秋能够将莎士比亚的戏剧著作翻译为中文。通过这两个方面，可想而知他的英语水平有多高。《雅舍小品》有很多版本，我今天拿来了两本。

（老师展示）

师：这本书有很多版本，最正宗的是台湾版本。大陆的书很漂亮，我读中学的时候开始看大陆的书，一直到现在，大陆的印刷业有飞一般的进步，而香港好像没有什么大进步。这本是二十世纪九十年代我在大陆买的，小开本的，设计都很好。除了好不好看以外，书也是一种艺术品。这本书陪了我很多年，我对它很有感情。有兴趣的话，可以前后同学传看一下。

（学生传阅）

师：有兴趣的同学可以上网查，网上有很多梁实秋的作品。

师：看二十世纪二三十年代各地的杂志、报纸，梁实秋当年在上面发表了很多文章。梁实秋是一个很喜爱书的人，是一个大学者，于是有了这篇与书有关的文章。大家回去后看了这篇课文后，不知道对这篇课文了解了多少。我不知道大家喜爱书的程度有多深，我个人是很喜欢书的，对梁实秋的《书》有很深的印象。我和大家一起读的时候，会补充一些关于书的知识。现在给大家展示概念图（老师用PPT展示出来）。（板书：书）

师：你看到"书"这个题目的时候，想到"书"这个字，要组词的话，可以组哪些词？大家在一分钟之内想出关于"书"的词语，看看能想到多少，将和"书"有关的词语写出来。

（老师点名，学生上台写词语）

师：大家看一下自己思考的方向，能不能分类呢？梁实秋拿到这个题目后，他想到了什么，写了什么呢？当年梁实秋是不是像大家这样呢？大家想出来后将它们归类。

我发现有的同学写的与书有关的诗句或文句，例如"腹有诗书气自华""书中自有黄金屋"。有的同学写的是与做生意有关的，如书展、书商。有的同学写的与读书、看书有关，如藏书、集书。我们收集某个作家的全部作品，这就是集书。有的与书的保养有关，如修书。有的与行为有关，如说书。大家都可以从不同的方向去想。梁实秋是从什么角度写的呢？大家看了《书》应该明白了。大家自己写作的时候，可以试一下这个方法，将它归类。刚才我已经做了示范，即如何归类。这篇文章很简单，我先问几个问题。首先是第一组的同学。

（学生朗读第一段）

师：为什么说古书有香味，与什么有关？

生：毛边。

师：与纸张有关系。还有呢？以前的人是用什么写字的？

生：油墨。

师：与油墨有关系，接着呢？

生：环境。

师：什么样的环境？

生：密不透风。

师：什么地方密不透风？

生：书斋。

师：书斋密不透风，油墨有味道，产生了书香。那么现代的书有没有书香呢？

生：有股煤油味。

师：有什么不同？有没有讲到现代用什么纸？

生：没有。

师：但是他讲到现代的书也有一种味道。

生：煤油味。

师：我们已经讲了第一段，第一段讲了什么，大家看看概念图，清楚了吗？

师：从书到书香，再介绍古代、现代的书香，接着呢？

生：书香形成的原因。

师：古代的书香与什么有关？古代书香的形成原因是什么？材料，准确点是纸张。还有呢？

生：油墨。

师：这些油墨是松烟油墨。第三个是环境。什么环境？书斋密不透风。这几个因素加在一起，打开门就是一股特有的味道。这个味道不是臭味，而是一阵怪怪的味，这就是书香的味道了。然后再讲什么？

生：现代书的味道。

师：现代书不香的原因与什么有关？与材料有关系。材料他没有讲，就说有股煤油味。

师：我手上没有古代的书。这些是现代的装订书，是仿造古代的书做的。这本书有发霉的味道。古代书的纸，一种是毛边纸，一种是连史纸，是高级一点的纸。毛边纸一般是黄色的，连史纸是白色的，很漂亮。古代人用毛笔，古代的墨是长方形的墨条，需要放点水在砚里面来磨墨。古人要防潮，防潮有个很简单的方法，那就是密不透风。

师：这些书很旧，都是我收藏的。如果这些书摆在一起，味道是相当浓烈的，与书香是不同的。

（老师展示自己收藏的书，学生闻书味）

生：奇怪的味道。

生：饼干味。

师：这本书是1949年，我还没有出生的时候出版的书。我在旧书店找出来的，当时很开心。这本书定价5毛钱，如果这本书现在在网上拍卖，说不定也有几百块了。这本书保存了一种文化。买的时候，我自己没有听过这本书，但是我上网查到，这本《生死恋》是当时很流行的书。香港都有两个版本，我当时买了两本。这本是原装内地出版的，另一本是香港翻印的版本。这本书是《贝多芬传》，是1948年出版的。我九十年代搬去西贡，西贡每年都有旧书义卖。有些人拿些教科书来卖，五元一本。书堆里面呢，这本是1949年出版的，现在都可能卖到几百块了。这本书的译者是傅雷，他是中国很出名的翻译家。他的儿子是傅聪，很能干的。这本书是《小朋友》，最有趣的是，这本书每个字都是人手写的，不是印刷体。手写之后然后印。普通人看的报纸都是电脑排版，以前没有电脑的时候，有间暗房，每个字都是人手用楷书先写出来，然后变成一个版，印出来。这些书香味就是这样的。传统的书叫线装书，有条线，打几个洞在里面。大家看到的是西方的书，钉装书，有胶、线在里面。西方的书都很有特色的。你看到西方的图书馆里，基本上所有的书都是硬皮的，这就称作硬皮书。董桥是一位很有名的藏书家，他是世界上有名的藏书票的收藏家。他对收藏的书很有要求，同一本书，三个尺寸不同。这种是西式的钉装书。这个是仿早期西方的书，这个面是硬皮。这个不是皮，但是有皮的感觉。这本书的做工都是不简单的。这本书简单一点，但是很相似。这本书外面有个薄片，这是梁实秋说的西方的书。这个完全是西方的书，硬皮精装。这些书你闻起来，都有些味道在里面。

（学生观察这些书）

师：很多人买书的时候都会记下这本书是什么时候买的，还有自己的藏书印。我都会写下自己在哪里买的。

师：我们准备讲第二段。预习了的同学会知道书里提到了毛边书。

（老师展示毛边书）

师：这些书叫毛边书，需要剪裁，边拿刀裁边看。毛边的封口不是很整齐。打开之后也不是整整齐齐剪下去的。

生：有没有什么用呢？

师：问得好。真正的用处是什么？

生：不希望别人看。

师：真正的用处是一种趣味。20世纪20年代，有的人看到哪一页就剪到哪一页。一边看书，一边剪开书页，有一种新鲜感。以前印书的时候，印一批这种书，也会印毛边书送给朋友，做个纪念。这本是我在台湾买的，在私人书店买的，很有趣，但我自己没看过，作教材用。

区老师课堂教学实录（节选）

师：有没有人请过客或者被人请过的？请举手。一个是请客者，另外一个是被请客者。你为什么会请客呢？为什么人家会请你呢？（板书：请客、被请）

（小组讨论）

师：请大家谈谈请客的经验、请客的对象、请客的理由，简单讲讲。

生：因为生日请客吃饭，请了一个同学。

师：过生日请人吃饭，背后的原因是什么呢？

生：希望别人开心。

师：还有没有？

生：提升好感。

师：还有没有不同的原因？（板书：开心、友情、提升好感）

生：请同学帮我买书。

师：为什么要请人吃饭呢？

生：当作报答。

师：吃完之后呢？

生：没有亏欠了。

师：大家看看有这些不同的原因。（板书：报答、无亏欠）

师：被人请的经验分享，一般请你干什么呢？

生：吃饭。

师：为什么别人会请你呢？

生：接受别人的心意。

师：还有没有其他的原因？

生：友情。

师：但是请客好不好呢？请人吃饭或被人请的动机、目的是什么呢？

师：你看文章的时候，有没有什么重点？

（学生自由阅读2分钟）

师：把重点句子做个标记。今天阅读这篇文章，你想到了哪些阅读策略呢？

生：想到这篇文章的主旨是什么。

师：还有没有？看到这篇文章，有什么想法？这是什么文体？（板书：主旨）

生：说明文。

师：文体。

师：认为是说明文的举手。为什么你认为文体在阅读过程中这么重要呢？如果这篇是记叙文，那又有什么不同？当这篇文章是记叙文的时候，你主要看什么？（板书：记叙文看背景、主旨、人物、情节）

师：记叙文就是看这几点。论述文看什么呢？

生：论点、论据、论证。

师：很好。（板书：论述文看论点、论据、论证）

师：大家要记住，这些是基础的方法。同学们自己写下来，将来看文章的时候，如果是记叙文，就看这几点。掌握不同文体的特点，这是一个框架，希望同学留意一下。大家都很熟悉概念关系图，你觉得这篇文章，最重要的概念是讲什么呢？作者是否同意这些看法呢？是否喜欢呢？你们试着用概念图的方式展示给我，然后讲讲你们的看法。用概念关系图表示这篇文章在你的头脑里是什么关系。自己想一想有什么重要的内容。

（小组讨论10分钟，老师提供笔与纸做概念图）

师：这篇文章不是很难，我看看大家理解了多少。

（小组汇报）

生：中国人与西方人不同，中国是礼仪之邦，中国人不分彼此，抢着给钱；西方人各付各的。

师：这是文章中的哪个部分？

生：第二段。

…………

师：这个图表做得很好。讲了请客的目的、请客的方向。回应第二段重要的词，你觉得哪个词最恰当？这两段有个词语，可以帮我们解读整篇文章，原来作者对于请客的看法是不是具有讽刺意味呢？

生：小往大来。

师：标下来。解读文章的时候，有些关键的措辞，尽量留意。"小往大来"就是目的与手段了。今天请你吃顿饭，你可能觉得没有意思，其实我是出于帮助自己的目的，以后会有机会获得回报的。关键字眼要留意，现在读第二段第一行。

（学生读第二段第一行）

师：作者对请客有没有什么看法呢？大家看第一段，留意这些字眼，"白坐车""白吃饭""白看戏"。这个"白"字怎么理解？"白"是免费。其实是不是"白"，是"小往大来"的政策。

师：说一下被请的人有何感想？

生：被请的人替人消灾，觉得不好意思。

师：作者对请客是什么态度？不是很喜欢。白吃白喝，很开心，不要钱的，是不是这个感觉？为了面子，今天我请你吃饭，以后你帮助我。这是一种手段。很多人才明白，原来是一种手段。

师：上次有个同学做了一个概念图，解决了文章的几个段落，这篇文章的重要内容到底是什么呢？

生：作者不喜欢请客。作者在第二段说请客是权谋。

师：第三段进一步阐明了"小往大来"的含义，比如什么？

生：有的人请客，会选择便宜的东西请人家。

师：描述请客人的什么？

生：心态。

师：描述请客的人的心态，是第三段"小往大来"的补充。文章的第几行？这个与"小往大来"有什么关系？

生：小往大来的手段。

师：解释什么叫"小往大来"。

生：原本我们觉得这段是"小来大往"的补充，讲"权谋"。作者接着讲"权谋之中有权谋"，他想表达有些人请客是因为权谋，这段是围绕"小往大来"带来的坏的结果讲的。

师：解释与补充什么叫"小往大来"。解释什么叫"权谋"。权谋是一种手段，用手段来实现目的，这是一种策略与方法。这段最重点讲的是什么呢？

生：手段之中有手段，权谋之外有权谋。

师：这句话强调什么呢？这句话，能不能举出一个例子呢？

生：有的人为了达到目的，请客是一种手段。

师：请客是一个手段，目的是升官发财，改善经济条件。请客的人怎么样？

生：贪念。

师：如果没有第三段，我们就不知道作者说的"小往大来"的意思以及什么叫"权谋"、什么叫"手段"。第四段的目的呢？

生：有些人不是真心请客。抢着给钱，背后却说人家小气。请人家吃饭也不大方。

师：还有没有补充？

（学生讨论）

生：不是真心请客，被请的人感受不到请客人的情义。

师：请客的人不是真心请客，真心请客会不会这样？

生：请客的人不是真心的。

师：当然，"小来大往"的目的能否达到呢？

生：达不到。

师：为什么达不到呢？

生：因为被请的人感受不到他人的情意。

师：感受不到情意。背后想表达什么呢？

生：请客是不是一种好风气。

师：人与人之间的关系，小往大来的风尚，达不到应有的目的，有时候人与人之间的关系就这样恶化了。请客成为一种风气，我请你是因为"小往大来"，是因为权谋与手段。达不到"小往大来"的目的，朋友间的感情就恶化了。这位同学来讲一讲。

生：因为请客成了一种坏风气。

师：为什么是坏的风气？

生：每个人都有自己的贪念。

师：对了。太有权谋与手段了。最后一段讲什么？

生：因为请客已经成为一种风气，所以没有拒绝的勇气了。

师：拒绝的话会怎样呢？

生：不给面子。

师：不给面子。"给面子"指什么？我请你，你再请我，不断地循环。你有什么看法呢？

生：不请客，也不被别人请。

师：为什么？作者的目的是不是这样呢？

生：希望不要有这种风气。

生：你不请人家，人家也不请你。

师：这篇文章的主旨是希望人们返璞归真，不要小往大来，不要权谋，不要投机。这篇文章如何去解读呢？要理解文章的中心思想，大家分组讨论一下，不要请客，你同不同意呢？大家以后不要请人吃饭了。行不行？有没有人反对？反对作者不请客。每组同学拿纸与笔写下来。认为请客依然存在价值的，请写下请客存在的价值有哪几个方面呢？

（学生小组讨论）

生：我们觉得有，在特别的日子庆祝，如朋友的生日请客吃饭，可以加深友情。当对方遇到困难的时候，比如没有带钱吃午饭，请人家吃饭，可以帮助别人。

师：为什么你觉得请客可以帮助别人呢？

生：有诚意，不会因为利益请客。

师：帮助他人也是一种利益啊。

生：不是因为利益请，是有诚意地请客。

师：不是因为利益。这位同学可以想到这点。

生：我认为请客是有价值的，因为可以联络感情，如一起吃饭可以升华彼此之间的友情。

师：什么感情呢？

生：不是有求于人。

师：不是有求于人，不是一个手段，不是权谋，是真心真意的。

生：对朋友、家人、恩人。

师：不是你的恩人与朋友，你就不会请客了？

生：有危难的人。

师：如果不是你的朋友，就避之则吉，你就不请他吃饭了吗？你不认识他，你就不请他吃饭了吗？我以前请过不认识的人吃饭，有一次遇到一个小朋友，他没钱，说很饿了，问我能不能给他 20 元吃饭。后来我就带着他去吃饭。他不是我的朋友，也不是我认识的人，我却会请他吃饭。为什么呢？我不是因为利益来请客的，人都有恻隐之心，我都会帮助别人。四川的同胞，你不认识，但你会不会帮助他们呢？为什么呢？请客只是一个点，人与人之间的交往基于什么？大家的看法都很相似，还有没有特别的？真心真意请客是基于什么条件？不是因为利益，是因为真情。人与人之间的关系会是怎么样的？这都是一种理想了。但是现在会不会这样做呢？小往大来，小人是基于利，君子是基于义。

吴老师课堂教学实录（节选）

师：大家有没有与家里人一起散过步？请分享下一家人散步的情景。

生：我和妈妈一起散过步。

师：散步对我来说，比较奢侈。现在没有什么时间与家人一起散步，但是童年时有过这种经历。那时家旁边有一个工地，吃完饭后我们一家四口就出去散步。那时是很开心的，现在就很少有这样的机会了。童年时散步比较多。现在看这个作者，莫怀戚是童年时与家人散步，还是成年后与家人散步？给大家三分钟，用自己的方法朗读这篇文章，快读、慢读都可以。如果有些词语不会读，或是不知道意思的，一会儿一起解决。

（全班自由朗读3分钟）

师：大家读的时候，有没有不懂的需要一起解决的词语？第7段第2行中的"水波粼粼"会不会写？

（学生上台写词语：水波粼粼）

师：还有没有？"水波粼粼"是什么意思呢？下面全班朗读一次，看看这篇文章讲了什么？

（全班齐读课文）

师：你觉得自己读得怎么样？我们与作者一起"散步"，看作者究竟讲了什么？能不能用最简单的词语告诉我，文章讲了一件什么事？

生：散步。

师：这个太短了，这个就是题目。

生：一家四口去散步。

师：现在出现了"一家四口"。

生：一家四口去散步，出现分歧。

师：春天，一家四口去散步，出现分歧。作者以"散步"二字作为题目。如果换个题目，你会换成什么？可以与周围的同学讨论一下。

（学生讨论，并上台写：今年的春天、一家四口的春天、踏青、一

家人、母子、春天）

师：请大家解释一下，为什么用"一家四口的春天"？

生：事件发生在春天。

师：为什么要强调"一家四口"？

生：只有四个人。

师：还有没有更深层的意义？

生：没有想到。

师：哪个同学写的"踏青"，你为什么会想到这个？

生：一家人春游。

师：其实，踏青和散步是从事件的角度出发写的。有两个同学都是用"一家人"作为题目，请解释一下。

生：一家人互相体谅，所以用"一家人"作为题目。

师：作者说明了文章的深层意思。"母子"是谁写的？为什么用"母子"呢？

生：作者与母亲。

师：母子包括两对母子，作者与作者的母亲，妻子与儿子。这个题目表达的是母子之间的什么？

生：亲情。

师：大家能慢慢理解深层次的含义了。解决了这个问题，我还有另一个问题想问大家。在文章里面，"一家人"有几个人呢？

生齐答：妻子、儿子、母亲、自己。

师：在哪个地方散步？

生齐答：田野。

师：哪一段能看出是田野？

生齐答：第一段。

师：哪一段描写田野呢？

生齐答：第四段。

师：请大家把第四段重点描写景物的句子读出来。春天是怎么样的？生动活泼的。所以读的时候应该怎么样？

（学生齐读第四段）

师：这一段中哪个词语可以让你感受到生命的力量？

生："咕咕地起着水泡"。

师：为什么会感觉到生命的力量？

生：嫩芽。

师：嫩芽就是刚发出来的芽。还有哪个词语？

生：新绿。

生：刚刚发出来的，特别清脆的。

师：还有吗？

生：初春。

师：这一家人都很期望春天的到来，那么哪一段表现出来了？

生：第三段。

师：读第三段听听，为什么这一家人这么期待春天的来临呢？

（学生齐读第三段）

师：第三段与第四段都读过了，都写到了对春天的期望。为什么说"太迟、太迟了"，为什么要多写两次？

生齐答：强调。

师：强调作者的什么感情？

生：希望春天快点来。

师：为什么希望春天快点来？因为母亲又挨过了一个冬天。这两段是什么关系呢？第三段讲很怕母亲熬不过春天。第四段是春天来了。这两段之间是什么关系？

生：是对比的关系。

师：为什么要重复两次呢？作者怕母亲挨不住，表达了对母亲的什么感情？

生：关爱。

师：孝心。散步的过程中发生了什么事呢？

生：发生了分歧。

师：什么分歧？在哪一段？

生齐答：母亲要走大路，儿子要走小路。

（板书：散步—分歧—母亲走大路，儿子走小路—互相迁就）

师：这个分歧用什么方法去解决？一家人互相尊重，解决了这个问题。为什么母亲想要走大路呢？

175

生齐答：舒服点。

师：因为老人家要舒服点。为什么小孩想要走小路呢？因为小路风光有趣，还有菜花。最后大家就互相迁就，解决了这个问题。我们读一下最后一段，加黑的部分，有什么表达效果？这些连接词有什么效果？

（学生齐读最后两句）

师：为什么要用"虽然""仍然""自然"这些词语？如果不用这些词语，读出来又是怎么样的呢？

（学生删除连接词，再次朗读）

师：有没有注意这些词有什么作用？"母亲高大，很瘦"，如果没有这三个连接词，有什么感觉？母亲高大，但是很瘦，要好好保护她。"儿子很胖，幼小，也很轻"与"儿子虽然很胖，毕竟幼小，自然也很轻"，有什么感觉？体现了作者对儿子的爱。所以这几个连接词不能不要，我们看到莫怀戚为什么能用平凡的文字，表达出这些感情呢？因为他在用词方面运用了一些技巧。"母亲虽然高大，然而很瘦，自然不算重，儿子虽然胖，毕竟幼小，自然也很轻"，表达出他们都需要我们的呵护。这句我们要读出感情。

师：母亲与儿子都不重。"但"表示什么意思？转折。"但我和妻子都是慢慢地，稳稳地，走得很仔细"，为什么"好像我背上的同她背上的加起来，就是整个世界"？翻到课文后面的练习，大家试着做做练习。

师：从这篇文章里面你学到了什么？

生：要珍惜与家人在一起的时间。

师：母亲又挨过这个严冬了，不知道以后还可以挨过多少个严冬。母亲不想出去，但是他都争取与母亲走一走。希望你们都有这个想法。作者从散步的片段中希望流露出的是什么感情呢？

生：一家人之间的关系。

师：一家人在一起肯定会存在分歧，如何处理呢？希望你们通过学习文章更加珍惜亲情，感受作者对母亲的怜惜之情，母亲对儿子的怜惜之情。

参考文献

一、英文文献

［1］ ARMOUR-THOMAS E. The application of teacher cognition in the classroom: a new teaching competency ［J］. Journal of research and development in education, 1989 （22）: 29 – 37.

［2］ BELL J S. Narrative inquiry: more than just telling stories ［J］. TESOL quarterly, 2002 （36）: 207 – 213.

［3］ BERG B L. Qualitative research methods for the social science (5th ed.) ［M］. Boston: Pearson, 2004.

［4］ BERLINER D C. Learning about and learning from expert teachers ［J］. International journal of educational research, 2001 （35）: 463 – 482.

［5］ BERLINER D C. Describing the behavior and documenting the accomplishment of expert teacher ［J］. Bulletin of science, technology & society, 2004 （3）: 200 – 211.

［6］ BOGDAN R C, BIKLEN S K. Qualitative research for education: an introduction to theory and methods (3rd ed.) ［M］. Boston: Allyn & Bacon, 1998.

［7］ CCSSO. About the national teacher of the year program ［EB/OL］. ［2016 – 12 – 01］. http: //www. ccsso. org/ntoy. html.

［8］ CHAN C K K, RAO N. Revisiting the chinese learner: changing contexts, changing education ［M］. Hong Kong: The University of Hong Kong, 2009.

［9］ CLANDININ D J, CONNELLY F M. Teachers' personal knowledge: what count as "personal" in studies of personal ［J］. Curriculum studies, 1987 （19）: 487 – 500.

［10］CLANDININ D J, CONNELLY M F. Narrative inquiry：experi-ence and story in qualitative research ［M］. NJ：Jossey-Bass, 2000.

［11］CLARK D, HOLLINGSWORTH H. Elaborating a model of teacher professional growth ［J］. Teaching and teacher education, 2002 （18）：947 – 967.

［12］DENZIN N K, LINCOLN Y S. Collecting and interpreting qualitative materials ［M］. Thousand Oaks：SAGE,1998.

［13］DOLEZAL S E, WELSH L M, PRESSLEY M, et al. How nine third-grade teachers motivate student academic engagement ［J］. The ele-mentary school journal, 2003 （3）：239 – 267.

［14］ERLANSON D A, HARRIS E L, SKIPPER B L, et al. Doing nat-uralistic inquiry：a guide to methods ［M］. Newbury Park：SAGE, 1993.

［15］FREEMAN D, JOHNSON K E. Reconceptualizing the knowl-edge-base of language teacher education ［J］. TESOL quarterly, 1998 （3）：397 – 417.

［16］GREENO J G. On claims that answer the wrong questions ［J］. Educational researcher, 1997 （1）：5 – 17.

［17］GOODELL J E. Using critical incident reflections：a self-study as a mathematics teacher educator ［J］. Journal of mathematics teacher ed-ucation, 2006 （9）：221 – 248.

［18］GREGOIRE M. Is it a challenge or a threat? a dual-process mod-el of teachers' cognition and appraisal processes during conceptual change ［J］. Educational psychology review, 2003 （15）：147 – 179.

［19］GUSKEY T R. Staff development and the process of teacher change ［J］. Educational researcher, 1986 （5）：5 – 12.

［20］GUSKEY T R. Professional development and teacher change ［J］. Teaching and teacher education：theory and practice, 2002 （3）：381 – 391.

［21］HARGREAVES A, FULLAN M G. Understanding teacher de-velopment ［M］. New York：Teachers College Press, 1992.

［22］JOHNSON K E, GOLOMBEK P R. "Seeing" teacher learning

［J］. TSEOL quarterly, 2003 （4）: 729 –737.

［23］ KELCHTERMANS G. Getting the story, understanding the lives: from career stories to teachers' professional development ［J］. Teacher and teaching education, 1993 （5）: 443 –456.

［24］ KORTHAGEN F. In search of the essence of a good teacher: towards a more holistic approach in teacher education ［J］. Teacher and teaching education, 2004 （20）: 77 –97.

［25］ LAVE J, WENGER E. Situated learning: legitimate peripheral participation ［M］. New York: Cambridge University Press, 1991.

［26］ LINCOLN Y S, CUBA E G. Naturalistic inquiry ［M］. Beverly Hills: SAGE, 1985.

［27］ MARSHALL C, ROSSMAN G B. Designing qualitative research （5th ed. ） ［M］. Los Angeles: SAGE, 2011.

［28］ MERRIAM S B. Qualitative research and case study application in education: revised and expanded from case study research in education ［M］. San Francisco: Jossey-Bass Publishers, 2001.

［29］ NBPTS. The five core propositions ［EB/OL］. ［2015 – 06 – 10］. http: //boardcertifiedteachers. org/aboutcertification/five-core-propositions.

［30］ OECD. A teachers' guide to TALIS 2013: teaching and learning international survey, TALIS ［M］. Paris: OECD Publishing, 2014.

［31］ OPFER V D, PEDDER D J, LAVICZA Z. The influence of school orientation to learning on teachers' professional learning change ［J］. School effectiveness and school improvement, 2011 （2）: 193 –214.

［32］ PRESSLEY M, GASKINS I W, SOLIC K, et al. A portrait of benchmark school: how a school produce high achievement in student who previously failed ［J］. Journal of educational psychology, 2006 （2）: 282 –306.

［33］ PRESSLEY M, WHATTON-MCDONALD R, MISTRETTA-HAMPSTON J, et al. Literacy instruction in 10 fourth-grade classrooms in upstate New York ［J］. Scientific studies of reading, 1998 （2）: 159 –194.

［34］ PUTNAM R T, BORKO H. What do new views of knowledge and thinking have to say about research on teacher learning ［J］. Educational researcher, 2000（1）：4－15.

［35］ RICHARDS V. Significant and worthwhile change in teaching practice ［J］. Educational researcher, 1990（19）：10－18.

［36］ SHULMAN L S. Those who understand：knowledge growth in teaching ［J］. Educational researcher, 1986（15）：4－14.

［37］ SHULMAN L S. Knowledge and teaching：foundations of the new reform ［J］. Harvard educational review, 1987（1）：1－23.

［38］ SHULMAN L S. Theory, practice and the education of professionals ［J］. The elementary school journal, 1998（5）：511－526.

［39］ SHULMAN L S, SHULMAN J H. How and what teachers learn：a shifting perspective ［J］. Curriculum studies, 2004（2）：257－271.

［40］ SMITH T W, ADVISER D S. Towards a prototype of expertise in teaching ［J］. Journal of teacher education, 2001（4）：357－371.

［41］ SMITH L C. Life history as a key factor in understanding teacher collaboration and classroom practice ［J］. Teacher education quarterly, 2001（28）：111－125.

［42］ SMITH J A, HARRE R, LANGENHOVE L V. Rethinking methods in psychology ［M］. London：SAGE, 1995.

［43］ STAKE R E. The art of case study research ［M］. Thousand Oaks：SAGE, 1995.

［44］ WAXMAN H C, THARP R G, HILBERG R S. Observational research in U. S. classroom ［M］. Cambridge：Cambridge Press, 2004.

［45］ WEBSTER L, MERTOVA P. Using narrative inquiry as a research method：an introduction to using critical event narrative analysis in research on learning and teaching ［M］. New York：Routledge, 2007.

［46］ WOODS P. Conversations with teachers：some aspects of life-history method ［J］. British educational research journal, 1985（11）：13－26.

［47］ WOODS P. Managing marginality：teacher development through grounded life history ［J］. British educational research journal, 1993 (5)：447 - 465.

［48］WRAGGE E C. An introduction to classroom observation ［M］. London：Routledge, 1999.

［49］YIN R K. Case study research：design and methods (4th ed.) ［M］. Los Angeles：SAGE, 2009.

［50］ZEICHNER K M, LISTON D P. Reflective teaching：an introduction ［M］. Mahwah：Lawrence Erlbaum Associates, 1996.

二、中文文献

［1］陈德云，周南照. 教师专业标准及其认证体系的开发——以美国优秀教师的专业标准及认证为例［J］. 教育研究，2013（7）：128 - 135.

［2］陈向明. 理论在教师专业发展中的作用［J］. 北京大学教育评论，2008（1）：39 - 50.

［3］陈向明. 从教师"专业发展"到教师"专业学习"［J］. 教育发展研究，2013（8）：1 - 7.

［4］陈向明. 对教师实践性知识构成要素的探讨［J］. 教育研究，2009（10）：66 - 73.

［5］丁钢. 全球化背景下的教师专业发展创新计划［M］. 北京：北京师范大学出版社，2009.

［6］高靓. 与美国国家年度教师面对面［M］. 福州：福建教育出版社，2014.

［7］顾佩娅. 解析优秀外语教师认知过程与专业成长［J］. 外语研究，2008（3）：39 - 45.

［8］黄露，刘建银. 中小学卓越教师专业特征及成长途径研究——基于37位中小学卓越教师传记的内容分析［J］. 中国教育学刊，2014（3）：99 - 104.

［9］胡定荣. 影响优秀教师成长的因素——对特级教师人生经历的样本分析［J］. 教师教育研究，2006（4）：65 - 70.

［10］胡乐乐. 美国人心中最好的老师：2005—2014 年美国国家

年度教师透视 ［M］. 北京：中国人民大学出版社，2015.

［11］孔凡哲，彬彬. U-S 合作的焦点：以专业引领促学校发展：以大学与地方政府合作办学为例 ［J］. 教育发展研究，2014（8）：61 – 65.

［12］李琼，吴丹丹，李艳玲. 中小学卓越教师的关键特征：一项判别分析的发现 ［J］. 教育学报，2012（4）：89 – 95.

［13］梁振威，陈宝莲，潘丽雯，等. 普及教育制度下中文教师之信念与实践：一个初步的探究 ［J］. 基础教育学报，1999（8）：29 – 43.

［14］刘洁玲. 新课程实施下香港中文科教师的阅读教学观与教学模式 ［J］. 教育学报，2006（2）：25 – 46.

［15］潘淑满. 质性研究：理论与运用 ［M］. 台北：心理出版社股份有限公司，2005.

［16］钱梦龙. 导读的艺术 ［M］. 北京：人民教育出版社，1995.

［17］深圳教育局. 关于 2015 年深圳市基础教育系统"年度教师"评选的问答 ［EB/OL］. ［2018 – 04 – 01］. http：//www. sz. gov. cn/jyj/home/jyxw/jyxw/201506/t20150 605_2900001. html.

［18］王芳，蔡永红. 我国特级教师制度与特级教师研究的回顾与反思 ［J］. 教师教育研究，2005（6）：41 – 46.

［19］王文科. 质的教育研究法 ［M］. 台北：师大书苑有限公司，1994.

［20］王颖华. 卓越教师专业标准的国际比较及其启示 ［J］. 西北师大学报（社会科学版），2014（7）：92 – 99.

［21］香港教育局. 行政长官卓越教学奖 ［EB/OL］. ［2015 – 06 – 10］. http：//www. ate. gov. hk/tchinese/index. html.

［22］香港教育局. 行政长官卓越教学奖（2014/2015）提名指引 ［EB/OL］. ［2015 – 06 – 10］. http：//www. ate. gov. hk/tchinese/doc/ Nomination_ Guidelines_2014_tc. pdf.

［23］香港教育局. 行政长官卓越奖学奖（2014/2015）教学实践卓越表现指标中国语文教育学习领域 ［EB/OL］. ［2015 – 06 – 10］.

http：//www. ate. gov. hk/tchinese/doc/Excellence_Indicators_CLE_TC. pdf.

［24］徐碧美. 追求卓越：教师专业发展案例研究［M］. 陈静，李忠如，译. 北京：人民教育出版社，2003.

［25］杨翠蓉. 教师专业发展：专长的视野［M］. 北京：教学科学出版社，2009.

［26］袁锐锷，易轶. 试析 NBPTS 优秀教师认定的标准与程序［J］. 比较教育研究，2004（12）：71 – 75.

［27］赵冬臣，马云鹏，韩继伟，等. 中学语文教师专业知识来源调查与分析［J］. 教师教育研究，2009（6）：65 – 70.

［28］周坤亮. 何为有效的教师专业发展——基于十四份"有效的教师专业发展的特征列表"的分析［J］. 教师教育研究，2014（26）：39 – 46.

［29］朱晓民. 语文教师教学知识发展研究［M］. 北京：教育科学出版社，2010.

［30］朱旭东. 论教师专业发展的理论模型建构［J］. 教育研究，2014（6）：81 – 89.

［31］左岚. 粤港专家教师阅读教学个案研究［M］. 武汉：华中师范大学出版社，2013.